9781174224720

LA FRANCE

COLLECTION ATLANTIS

LA FRANCE

PAR

PAUL VALÉRY
DE L'ACADÉMIE FRANÇAISE

LES ÉDITIONS BRAUN & CIE - 18, RUE LOUIS-LE-GRAND, PARIS

Copyright 1951 by Editions Atlantis, Zurich (Suisse)
Texte et Illustrations par Imp. Braun & Cie, Mulhouse - Paris - Lyon
Printed in France

INTRODUCTION AUX IMAGES DE LA FRANCE

Il n'est pas de nation plus ouverte, ni sans doute de plus mystérieuse que la française; point de nation plus aisée à observer et à croire connaître du premier coup. On s'avise par la suite qu'il n'en est point de plus difficile à prévoir dans ses mouvements, de plus capable de reprises et de retournements inattendus. Son histoire offre un tableau de situations extrêmes, une chaîne de cimes et d'abîmes plus nombreux et plus rapprochés dans le temps que toute autre histoire n'en montre. A la lueur même de tant d'orages, la réflexion peu à peu fait apparaître une idée qui exprime assez exactement ce que l'observation vient de suggérer : on dirait que ce pays soit voué par sa nature et par sa structure à réaliser dans l'espace et dans l'histoire combinés, une sorte de *figure d'équilibre*, douée d'une étrange stabilité, autour de laquelle les événements, les vicissitudes inévitables et inséparables de toute vie, les explosions intérieures, les séismes politiques extérieurs, les orages venus du dehors, le font osciller plus d'une fois par siècle depuis des siècles. La France s'élève, chancelle, tombe, se relève, se restreint, reprend sa grandeur, se déchire, se concentre, montrant tour à tour la fierté, la résignation, l'insouciance, l'ardeur, et se distinguant entre les nations par un caractère curieusement personnel.

Cette nation nerveuse et pleine de contrastes trouve dans ses contrastes des ressources tout imprévues. Le secret de sa prodigieuse résistance gît peut-être dans les grandes et multiples différences qu'elle combine en soi. Chez les Français, la légèreté apparente du caractère s'accompagne d'une endurance et d'une élasticité singulières. La facilité générale et l'aménité des rapports se joignent chez eux à un sentiment critique redoutable et toujours éveillé. Peut-être la France est-elle le seul pays où le ridicule ait joué un rôle historique; il a miné, détruit quelques régimes, et il y suffit d'un « mot », d'un trait heureux (et parfois trop heureux), pour ruiner dans l'esprit public, en quelques instants, des puissances et des situations considérables. On observe d'ailleurs chez les Français une certaine indiscipline naturelle qui le cède toujours à l'évidence de la nécessité d'une discipline. Il arrive qu'on trouve la nation brusquement unie quand on pouvait s'attendre à la trouver divisée.

On le voit, la nation française est particulièrement difficile à définir d'une façon simple; et c'est là même un élément assez important de sa « définition » que cette propriété d'être difficile à définir. On ne peut la caractériser par une collection d'attributs non contradictoires. J'essaierai tout à l'heure d'en faire sentir la raison. Mais qu'il s'agisse de la France ou de tout autre personne politique du même ordre, ce n'est jamais chose facile que de se représenter nettement ce qu'on nomme *une nation*. Les traits les plus simples et les plus gros d'une nation échappent aux gens du pays, qui sont insensibles à ce qu'ils ont toujours vu. L'étranger qui les perçoit, les perçoit trop fortement, et ne ressent pas cette quantité de caractères intimes et de réalités invisibles par quoi s'accomplit le mystère de l'union profonde de millions d'hommes.

Il y a donc deux grandes manières de se tromper au sujet d'une nation donnée.

D'ailleurs l'idée même de *nation* en général ne se laisse pas capturer aisément. L'esprit s'égare entre les aspects très divers de cette idée; il hésite entre des modes très différents de définition. A peine a-t-il cru trouver une formule qui le contente, elle-même aussitôt lui suggère quelque cas particulier qu'elle a oublié d'enfermer.

L'idée de nation nous est aussi familière dans l'usage, aussi présente dans le sentiment, qu'elle est complexe et rebelle devant la réflexion. Mais n'en est-il point ainsi de bien des mots d'importance capitale ? Nous parlons facilement du *droit*, de la *race*, de la *propriété*, etc. Qu'est-ce que le droit ? Qu'est-ce que la race ? Qu'est-ce que la propriété ? — *Nous le savons et ne le savons pas !*

Ainsi toutes ces notions puissantes, à la fois abstraites et vitales, et d'une vie parfois si intense et si impérieuse en nous, tous ces termes qui composent dans les esprits des peuples et des hommes d'Etat, les pensées, les projets, les raisonnements, les décisions auxquels sont suspendus les destins, la prospérité ou la ruine, la vie ou la mort des humains sont des symboles vagues et impurs à la réflexion. Et les hommes, toutefois, quand ils se servent entre eux de ces notions indéfinissables, se comprennent l'un l'autre fort bien. Elles sont donc nettes et suffisantes de l'un à l'autre; obscures et comme infiniment divergentes dans chacun pris à part. Ce résultat paradoxal m'a fait éloigner quelque peu de mon sujet; mais peut-être valait-il qu'on perdît au passage le peu de temps qu'il a fallu pour le signaler.

Il me reste cependant quelques généralités à effleurer avant de parler spécialement de la France.

Entre une terre et le peuple qui l'habite, entre l'homme et l'étendue, la figure, le relief, le régime des eaux, le climat, la faune, la flore, la substance du sol, se forment peu à peu des relations réciproques qui sont d'autant plus nombreuses et entremêlées que le peuple est fixé depuis plus longtemps sur le pays.

Si ce peuple est composite, s'il fut formé d'apports successifs au cours des âges, les combinaisons se multiplient.

Au regard de l'observateur, ces rapports réciproques entre la terre mère ou nourrice et la vie organisée qu'elle supporte et alimente, ne sont pas également apparents. Car les uns consistent dans les modifications diverses que la vie humaine fait subir à un territoire; les autres dans la modification des vivants par leur habitat; et tandis que l'action de l'homme sur son domaine est généralement visible et lisible sur la terre, au contraire, l'action inverse est presque toujours impossible à isoler et à définir exactement. L'homme exploite, défriche, ensemence, construit, déboise, fouille le sol, perce des monts, discipline les eaux, importe des espèces. On peut observer ou reconstituer les travaux accomplis, les cultures entreprises, l'altération de la nature. Mais les modifications de l'homme par sa résidence sont obscures comme elles sont certaines. Les effets du ciel, de l'eau, de l'air qu'on respire, des vents qui règnent, des choses que l'on mange, etc. sur l'être vivant, vont se ranger dans l'ordre des phénomènes physiologiques ou psychologiques, cependant que les effets des actes sont pour la plupart de l'ordre physique ou mécanique. Le plus grand nombre de nos opérations sur la nature demeurent reconnaissables; l'artificiel en général tranche sur le naturel; mais l'action de la nature ambiante sur nous est une action sur elle-même, elle se fond et se compose avec nous-mêmes. Tout ce qui agit sur un niveau et qui ne le supprime pas, produit une forme de vie, ou une variation de la vie plus ou moins stable.

On voit par ces remarques très simples que la connaissance d'un pays nous demande deux genres de recherches d'inégale difficulté. Ici, comme en bien d'autres matières, il se trouve que ce qui nous importerait le plus de connaître est aussi le plus difficile. Les mœurs, les idéaux, la politique, les produits de l'esprit sont les effets incalculables de causes infiniment enchevêtrées, où l'intelligence se perd au milieu du nombre des facteurs indépendants et de leurs combinaisons, où même la statistique est grossièrement incapable de nous servir. *Cette grande impuissance est fatale à l'espèce humaine;* c'est elle, bien plus que les intérêts, qui oppose les nations les unes aux autres, et qui s'oppose à une organisation de l'ensemble des hommes sur le globe, entreprise jusqu'ici vainement tentée par l'esprit de conquête, par l'esprit religieux, par l'esprit révolutionnaire, chacun suivant sa nature.

L'homme ne sait pas assez sur l'homme pour ne pas recourir aux *expédients*. Les solutions grossières, vaines ou désespérées, se proposent ou s'imposent au genre humain exactement comme aux individus, — *parce qu'ils ne savent pas.*

Les nations sont étranges les unes aux autres, comme le sont des êtres de caractères, d'âge, de croyances, de mœurs et de besoins différents. Elles se regardent entr'elles curieusement, anxieusement; sourient, font la moue; admirent un détail et l'imitent; méprisent l'ensemble; haussent les épaules, lèvent les bras au ciel. Si grand que puisse être parfois leur désir de s'entretenir et de se comprendre, l'entretien cesse toujours à un certain point. Il y a je ne sais quelles limites infranchissables à sa profondeur et à sa durée.

Plus d'une est intimement convaincue qu'elle est en soi et par soi la nation par excellence, l'élue de l'avenir infini, et la seule à pouvoir prétendre (quels que soient son état du moment, sa misère ou sa faiblesse), au développement suprême des virtualités qu'elle s'attribue. Chacune a ses arguments dans le passé ou dans le possible; aucune n'aime à considérer ses malheurs comme ses enfants légitimes. Suivant qu'elles se comparent aux autres sous le rapport de l'étendue, ou du nombre, ou du progrès matériel, ou des libertés, ou de l'ordre public, ou bien de la culture et des œuvres de l'esprit, — ou bien même des souvenirs, les nations se trouvent nécessairement des motifs pour se préférer. Elles ont toujours des raisons historiques ou actuelles de se croire incomparables.

Et d'ailleurs, — elles le sont. Ce n'est pas une des moindres difficultés de la politique spéculative que cette impossibilité de comparer ces grandes entités *qui ne se touchent et ne s'affectent l'une l'autre que par leurs caractères et leurs moyens extérieurs*. Mais le fait essentiel qui les constitue, leur principe d'existence, — le lien interne qui enchaîne entr'eux les individus d'un peuple, et les générations entr'elles, n'est pas, dans les diverses nations, de la même nature. Tantôt la race, tantôt la langue, tantôt les coutumes, tantôt les souvenirs et tantôt les intérêts instituent diversement l'unité nationale d'une agglomération humaine; la cause profonde de tel groupement peut être d'espèce toute différente de la cause de tel autre.

Voilà des propos assez abstraits, — dont quelques-uns de fort sombres, — pour ouvrir un recueil d'images. C'est que les images d'un pays, la vision d'une contrée nourrice d'un groupe humain, et théâtre et matière de ses actes, excite invinciblement en nous, comme un accompagnement continu, émouvant, impossible à ne pas entendre, toutes les voix d'un drame et d'un rêve d'une complexité et d'une profondeur illimitées, dans lequel nous sommes chacun personnellement engagés.

La terre de France est remarquable par la netteté de sa figure, par les différences de ses régions, par l'équilibre général de cette diversité de parties qui se conviennent, se groupent et se complètent assez bien.

Une sorte de proportion heureuse existe en ce pays entre l'étendue des plaines et celle des montagnes, entre la surface totale et le développement des côtes; et sur les côtes même, entre les falaises, les roches, les plages qui bordent de calcaire, de granit ou de sables le rivage de la France sur trois mers. La France est le seul pays d'Europe qui possède trois fronts de mer bien distincts.

Quant aux ressources de surface ou de fond, on peut dire que peu de choses essentielles à la vie manquent à la France. Il s'y trouve beaucoup de terres à céréales; d'illustres coteaux pour la vigne. L'excellente pierre à bâtir et le fer y abondent. Il y a moins de charbon qu'il n'en faudrait de nos jours. D'autre part, l'ère moderne a créé des besoins nouveaux et intenses (quoiqu'accidentels et peut-être éphémères), auxquels ce pays ne peut subvenir ou suffire par soi seul.

Sur cette terre vit un peuple dont l'histoire consiste principalement dans le travail incessant de sa propre formation. Qu'il s'agisse de sa composition ethnique, qu'il s'agisse de sa constitution psychologique, ce peuple est plus que tout autre une création de son domaine et l'œuvre séculaire d'une certaine donnée géographique. Il n'est point de peuple qui ait des relations plus étroites avec le lieu du monde qu'il habite. On ne peut l'imaginer se déplaçant en masse, émigrant en bloc sous d'autres cieux, se détachant de la figure de la France. On ne peut concevoir ce peuple français en faisant abstraction de son lieu, auquel il doit non seulement les caractères ordinaires d'adaptation que tous les peuples reçoivent à la longue des sites qu'ils habitent, mais encore ce que l'on pourrait nommer sa *formule de constitution*, et sa loi propre de conservation comme entité nationale.

Les Iles Britanniques, La France, L'Espagne terminent vers l'Ouest l'immense Europasie; mais tandis que les premières par la mer, la dernière, par la masse des Pyrénées, sont bien séparées du reste de l'énorme continent, la France est largement ouverte et accessible par le Nord-Est. Elle offre, d'autre part, de nombreux points d'accostage sur ses vastes frontières maritimes.

Ces circonstances naturelles, joint à la qualité générale du sol, à la modération du climat, ont eu la plus grande influence sur le peuplement du territoire. Quelle qu'ait été la population primitive du pays — je veux dire la population qui a vécu sur cette terre à partir de l'époque où sa physionomie physique actuelle s'est fixée dans ses grands traits, — cette population a été à bien des reprises, modifiée, enrichie, appauvrie, reconstituée, refondue, à mainte époque, par des apports et des accidents étonnamment variés; elle a subie des invasions, des occupations, des infiltrations, des extinctions, des pertes et des gains incessants.

Le vent vivant des peuples, soufflant du Nord et de l'Est à intervalles intermittents et avec des intensités variables, a porté vers l'Ouest, à travers les âges, des éléments ethniques très divers, qui poussés successivement à la découverte des régions de l'extrême Occident de l'Europe, se sont enfin heurtés à des populations autochtones, ou déjà arrêtées par l'Océan et par les monts, et fixées. Ils ont trouvé devant eux des obstacles humains ou des barrières naturelles; autour d'eux, un pays fertile et tempéré. Ces arrivants se sont établis, juxtaposés ou superposés aux groupes déjà installés, se faisant équilibre, se combinant peu à peu les uns aux autres, composant lentement leurs langues, leurs caractéristiques, leurs arts et leurs mœurs. Les immigrants ne vinrent pas seulement du Nord et de l'Est; le Sud-Est et le Sud fournirent leurs contingents. Quelques Grecs par les rivages du Midi; des effectifs Romains assez faibles, sans doute, mais renouvelés pendant des siècles; plus tard, des essaims de Mores et de Sarrasins.

Grecs ou Phéniciens, Latins et Sarrasins par le Sud, comme les Northmans par les côtes de la Manche et de l'Atlantique, ont pénétré dans le territoire par quantités assez peu considérables. Les masses les plus nombreuses furent vraisemblablement celles apportées par les courants de l'Est.

Quoiqu'il en soit, une carte où les mouvements de peuples seraient figurés comme le sont les déplacements aériens sur les cartes météorologiques, ferait apparaître le territoire français comme une aire où les courants humains se sont portés, mêlés, neutralisés et apaisés, par la fusion progressive et l'enchevêtrement de leurs tourbillons.

Le fait fondamental pour la formation de la France a donc été la présence et le mélange sur son territoire d'une quantité remarquable d'éléments ethniques différents. Toutes les nations d'Europe sont composées, et *il n'y a peut-être aucune dans laquelle une seule langue soit parlée*. Mais il n'en est, je crois, aucune dont la formule ethnique et linguistique soit aussi riche que celle de la France. Celle-ci a trouvé son individualité singulière dans le phénomène complexe des échanges internes, des alliances individuelles qui se sont produits en elle entre tant de sangs et de complexions différents. Les combinaisons de tant de facteurs indépendants, le dosage de tant d'hérédités expliquent dans les actes et les sentiments des Français bien des contradictions, et cette remarquable valeur moyenne des individus. *A cause des sangs très disparates qu'elle a reçus, et dont elle a composé, en quelques siècles, une personnalité européenne si nette et si complète, productrice d'une culture et d'un esprit caractéristiques, la nation française fait songer à un arbre greffé plusieurs fois, de qui la qualité et la saveur de ses fruits résultent d'une heureuse alliance de sucs et de sèves très divers concourant à une même et indivisible existence.*

La même circonstance permet de comprendre la plupart des institutions et des organisations spécifiquement françaises, qui sont en général des productions ou des réactions souvent très énergiques du corps national en faveur de son unité. Le sens de cette unité vitale est extrême en France.

Si j'osais me laisser séduire aux rêveries qu'on décore du beau nom de philosophie historique, je me plairais peut-être à imaginer que tous les événements véritablement grands de cette histoire de la France furent d'une part, les actions qui ont menacé, ou tendu à altérer, un certain équilibre de races réalisé dans une certaine figure territoriale; et d'autre part, les réactions parfois si énergiques qui répondirent à ces atteintes, tendant à reconstituer l'équilibre.

Tantôt la nation semble faire effort pour atteindre ou reprendre sa composition « optima », celle qui est la plus favorable à ses échanges intérieurs et à sa vie pleine et complète; et tantôt faire effort pour rejoindre l'unité que cette composition même lui impose. Dans les dissensions intérieures aiguës, c'est toujours le parti qui semble en possession de rétablir au plus tôt, et à tout prix, l'unité menacée, qui a toutes les chances de triompher. C'est pourquoi l'histoire dramatique de la France se résume mieux que toute autre en quelques grands noms, noms de *personnes*, noms de *familles*, noms d'*assemblées*, qui ont particulièrement et énergiquement représenté cette tendance essentielle aux moments critiques et dans les périodes de crise ou de réorganisation. Que l'on parle des Capétiens, de Jeanne d'Arc, de Louis XI, d'Henri IV, de Richelieu, de la Convention ou de Napoléon, — on désigne toujours une même chose, — un symbole de l'identité et de l'unité nationales *en acte*.

Mais un autre nom me vient à l'esprit, comme je pense à tous ces noms représentatifs. C'est un nom de ville. Quel phénomène plus significatif et qui illustre mieux ce que je viens de dire, que l'énorme accroissement au cours des siècles de la prééminence de *Paris* ? Quoi de plus typique que cette attraction puissante et cette impulsion continuelle qu'il exerce comme un centre vital dont le rôle passe de beaucoup celui d'une capitale politique ou d'une ville de première grandeur ?

L'action certaine, visible et constante de Paris est de compenser par une concentration jalouse et intense les grandes différences régionales et individuelles de la France. L'augmentation du nombre des fonctions que Paris exerce dans la vie de la France depuis deux siècles correspond bien à un développement du besoin de coordination totale, et à la réunion assez récente de provinces plus lointaines à tradition plus hétérogènes. La Révolution a trouvé la France déjà centralisée au point de vue gouvernemental, et polarisée à l'égard de la cour en ce qui concerne le goût et les mœurs. Cette centralisation n'intéresserait guère directement que les classes dirigeantes et aisées. Mais à partir de la réunion des Assemblées révolutionnaires, et pendant les années critiques, un intense mouvement d'hommes et d'idées s'établit entre Paris et le reste de la France. Les affaires locales, les projets, les dénonciations, les individus les plus actifs ou les plus ambitieux, tout vient à Paris, tout y fermente; et Paris à son tour inonde le pays de délégués, de décrets, de journaux, de produits de toutes les rencontres, de tous les événements, des passions et des discussions que tant de différences appelées à lui et heurtées en lui engendrent dans ses murs.

Je ne sais pourquoi les historiens en général ne soulignent pas ce grand fait que me représente la transformation de Paris en organe central de confrontation et de combinaison, organe non seulement politique et administratif, mais organe de jugement, d'élaboration et d'émission, et pôle directeur de la sensibilité générale du pays. Peut-être répugnent-ils à mettre au rang des événements un phénomène relativement lent et qu'on ne peut dater avec précision. Mais il faut quelquefois douer le regard historique des mêmes libertés à l'égard du temps et de l'espace que nous avons obtenues de nos instruments d'optique et de vues animées. Imaginez que vous perceviez en quelques instants ce qui s'est fait en quelques centaines d'années, Paris se former, grossir, ses liaisons avec tout le territoire se multiplier, s'enrichir; Paris devenir l'appareil indispensable d'une circulation généralisée; sa nécessité et sa puissance fonctionnelle s'affirmer de plus en plus, croître avec la Révolution, avec l'Empire, avec le développement des voies ferrées, avec celui des télégraphes, de la presse et de ce qu'on pourrait nommer la *littérature intensive*... vous concevrez alors *Paris comme événement*, — événement tout comparable à la création d'une institution d'importance capitale, et à tous les événements significatifs que l'histoire inscrit et médite.

Il n'y a pas d'événement plus significatif que celui-ci. J'ai dit à quoi il répond. C'est une production typique de la France, de la diversité extraordinaire de la France, que cette grande cité à qui toute une grande nation délègue tous ses pouvoirs spirituels, par qui elle fait élaborer les conventions fondamentales en matière de goûts et de mœurs, et qui lui sert d'intermédiaire ou d'interprète, et de représentant à l'égard du reste du monde, — comme elle sert au reste du monde à prendre une connaissance rapide, inexacte et délicieuse de l'ensemble de la France.

Les idées sur la France que je viens d'exposer, ou plutôt de proposer au lecteur à titre de pures approximations, me sont venues par une conséquence lointaine de remarques que j'ai faites, il y a fort longtemps, sur un sujet tout particulier.

La poésie a quelquefois occupé mon esprit; et non seulement j'ai consumé quelques années de ma vie à composer divers poèmes; mais encore, je me suis plu assez souvent à examiner dans leur généralité la nature et les moyens de cet art.

Or, en méditant sur les caractères physiques de la poésie, c'est-à-dire sur ses rapports avec la musique, et en développant cette étude jusqu'à une comparaison des métriques et des prosodies de quelques peuples, on ne peut pas ne pas apercevoir un fait, qui pour être assez connu et très sensible, n'a pas été, je crois, suffisamment considéré et interrogé. *La poésie française diffère musicalement de toutes les autres*, au point d'avoir été regardée parfois comme presque privée de bien des charmes et des ressources qui se trouvent en d'autres langues à la disposition des poètes. Je crois bien que c'est là une erreur; mais cette erreur, comme il arrive fort souvent, est une déduction illégitime et subjective d'une observation exacte. C'est la langue elle-même qu'il fallait considérer pour en définir la singularité phonétique; celle-ci bien déterminée, on pourrait chercher à se l'expliquer.

Trois caractères distinguent nettement le français des autres langues occidentales : le français, *bien parlé*, ne *chante* presque pas. C'est un discours de registre peu étendu, une parole plus *plane* que les autres. Ensuite : les consonnes en français sont remarquablement adoucies; pas de figures rudes ou gutturales. Nulle consonne française n'est impossible à prononcer pour un Européen. Enfin, les voyelles françaises sont nombreuses et très nuancées, forment une rare et précieuse collection de timbres délicats qui offrent aux poètes dignes de ce nom des *valeurs* par le jeu desquelles ils peuvent compenser le registre tempéré et la modération générale des accents de leur langue. La variété des *é* et des *è*, — les riches diphtongues, comme celles-ci : *feuille, rouille, paille, pleure, toise, tien*, etc., — l'*e* muet qui tantôt existe, tantôt ne se fait presque point sentir s'il ne s'efface entièrement, et qui procure tant d'effets subtils de silences élémentaires, ou qui termine ou prolonge tant de mots par une sorte d'ombre que semble jeter après elle une syllabe accentuée, — voilà des moyens dont on pourrait montrer l'efficacité par une infinité d'exemples.

Mais je n'en ai parlé que pour établir ce que je prétendais tout à l'heure : que la langue française doit se ranger à part; également éloignée, au point de vue phonétique, des langues dites latines ou romanes et des langues germaniques.

Il est bien remarquable, en particulier, que la langue parlée sur un territoire intermédiaire entre l'Italie et l'Espagne se contienne dans un registre bien moins étendu que celui où se meuvent les voix italiennes et espagnoles. Ses voyelles sont plus nombreuses et plus nuancées; ses consonnes jamais ne sont de la force et ne demandent l'effort qui s'y attache dans les autres langues latines.

L'histoire du français nous apprend à ce sujet des choses curieuses, que je trouve significatives. Elle nous enseigne, par exemple, que la lettre *r*, quoique très peu rude en français, où elle ne se trouve jamais *roulée* ni *aspirée*, a failli disparaître de la langue, à plusieurs reprises, et être remplacée selon un adoucissement progressif, par quelque émission plus aisée. (Le mot *chaire* est devenu *chaise*, etc.).

En somme un examen phonétique même superficiel (comme celui qu'un simple *amateur* pouvait faire) m'a montré dans la poétique et la langue de France des traits et des singularités que je ne puis m'expliquer que par les caractères mêmes de la nation que j'ai énoncés tout à l'heure.

Si la langue française est comme tempérée dans sa tonalité générale; si « bien parler le français » c'est le parler sans « accent »; si les phonèmes rudes ou trop marqués en sont proscrits, ou en furent peu à peu éliminés; si, d'autre part, les *timbres* y sont nombreux et complexes, les muettes si sensibles, je n'en puis voir d'autre cause que le mode de formation et la complexité de l'alliage de la nation. Dans un pays où les Celtes, les Latins, les Germains, ont accompli une fusion très intime, où l'on parle encore, où l'on écrit, à côté de la langue dominante, une quantité de langages divers (plusieurs langues romanes, les dialectes du français, ceux du breton, le basque, le catalan, le corse), il s'est fait nécessairement une unité linguistique parallèle à l'unité politique et à l'unité de sentiment. Cette unité ne pouvait s'accomplir que par des transactions statistiques, des concessions mutuelles, un abandon par les uns de ce qui était trop ardu à prononcer pour les autres, une altération mutuelle. Peut-être pourrait-on pousser l'analyse un peu plus loin et rechercher si les formes spécifiques du français ne relèvent pas, elles aussi, des mêmes nécessités?

La clarté de structure de langage de la France (si on pouvait la définir d'une façon simple), apparaîtrait sans doute comme le fruit des mêmes besoins et des mêmes conditions; et il n'est pas douteux, d'autre part, que la littérature de ce pays, en ce qu'elle a de plus caractéristique, procède mêmement d'un mélange de qualités très différentes, et d'origines très diverses dans une forme d'autant plus nette et impérieuse que les substances qu'elle doit recevoir sont plus hétérogènes. Le même pays produit un Pascal et un Voltaire, un Lamartine et un Hugo, un Musset et un Mallarmé. Il y a quelques années, on pouvait rencontrer, dans un même salon de Paris, Emile Zola et Théodore de Banville, ou bien aller en un quart d'heure du cabinet d'Anatole France au bureau de J. K. Huysmans : c'était visiter des extrêmes.

Ici se placeraient tout naturellement des considérations sur ce que la France a donné aux Lettres de proprement et spécialement français. Il faudrait, par exemple, mettre en lumière ce remarquable développement de l'esprit critique en matière de *forme* qui s'est prononcé à partir du XVIe siècle; cet esprit a dominé la littérature pendant la période dite *classique*, et n'a jamais cessé depuis lors d'exercer une influence directe ou indirecte sur la production.

La France est peut-être le seul pays où des considérations de pure forme, un souci de la *forme en soi*, aient persisté et dominé dans l'ère moderne. Le sentiment et le culte de la forme me semblent être des passions de l'esprit qui se rencontrent le plus souvent en liaison avec l'esprit critique et la tournure sceptique des esprits. Ils s'accompagnent en effet, d'une particulière liberté à l'égard du contenu, et coexistent souvent avec une sorte de sens de l'ironie généralisée. Ces vices ou ces vertus elles-mêmes sont ordinairement cultivés dans des milieux sociaux riches en expériences et en contrastes, où le mouvement des échanges d'idées, l'activité des esprits concentrés et heurtant leur diversité s'exagèrent, et acquièrent l'intensité, l'éclat, parfois la sécheresse d'une flamme. Le rôle de la cour, le rôle de Paris dans la littérature française furent ou sont essentiels. Le chef-d'œuvre littéraire de la France est peut-être sa prose abstraite, dont la pareille ne se trouve nulle part. Mais je ne puis ici développer ces vues. Il y faudrait tout un livre.

Je n'ajoute qu'une remarque à cet aperçu tout insuffisant : des fondations comme l'Académie française, les institutions comme la Comédie Française et quelques autres, sont bien, chacune selon sa nature et sa fonction, des productions nationales spécifiques, dont l'essence est de renforcer et de consacrer, et en somme de représenter à la France même sa puissante et volontaire *unité*.

Avant de laisser le lecteur à la variété des images qu'il va parcourir, et de le délivrer de ces idées abstraites ou aventureuses, pour le rendre au simple plaisir de regarder, je devrais l'entretenir de nos arts. Je dirai seulement quelques mots de l'architecture française, qui auront pour objet de faire remarquer son originalité pendant les grandes époques où elle a flori. Pour comprendre l'architecture française de 1100 à 1800, — sept siècles dont chacun a donné ses chefs-d'œuvre, et ses catégories de chefs-d'œuvre, — cathédrales, châteaux, palais, admirables *séries*, — il importe de se reporter au principe le plus délicat et le plus solide de tous les arts, qui est l'accord intime, et aussi profond que le permet la nature des choses, entre la *matière* et la *figure* de l'ouvrage.

L'indissolubilité de ces deux éléments est le but incontestable de tout grand art. L'exemple le plus simple est celui que nous offre la poésie, à l'existence de laquelle l'union étroite ou la mystérieuse *symbiose du son et du sens* est essentielle.

C'est par cette recherche d'une liaison qui doit se pressentir et s'accomplir dans la vivante profondeur de l'artiste, et en quelque sorte *dans tout son corps*, que l'œuvre peut acquérir quelque ressemblance avec les productions vivantes de la nature, dans lesquelles il est impossible de dissocier les forces et les formes.

En ce qui concerne l'architecture, il faut s'accoutumer, pour en avoir une opinion exacte et en tirer une jouissance supérieure, à distinguer les constructions dont la figure et la matière sont demeurées indépendantes l'une de l'autre, de celles où ces deux facteurs ont été rendus comme inséparables. Le public confond trop souvent les qualités véritablement architectoniques avec les effets de décor purement extérieurs. On se satisfait d'être ému, ou étonné, ou amusé par des apparences théâtrales; et sans doute, il existe de très beaux monuments qui émerveillent les yeux quoiqu'ils soient faits d'une grossière matière, d'un noyau de concrétion revêtu d'enduits menteurs, de marbres appliqués, d'ornements rapportés. Mais au regard de l'esprit, *ces bâtisses ne vivent pas*. Elles sont des masques, des simulacres sous lesquels se dissimule une misérable vérité. Mais au contraire il suffit au connaisseur de considérer une simple église de village, comme il en existe encore des milliers en France, pour recevoir le choc ému, profond, et ressentir, en quelque sorte, *le sentiment d'une synthèse*.

Nos constructeurs des grandes époques ont toujours *visiblement* conçu leurs édifices d'un seul jet, — et non en deux *moments* de l'esprit ou en deux séries d'opérations, les unes, relatives à la forme, les autres à la matière. Si l'on me permet cette expression, ils pensaient en matériaux. D'ailleurs la magnifique qualité de la pierre dans les régions où l'architecture médiévale la plus pure s'est développée, était éminemment favorable à ce mode de concevoir. Si l'on considère la suite des découvertes et des réalisations qui se sont produites dans cet ordre de choses du xiie au xive siècle, on assiste à une évolution bien remarquable, qui peut s'interpréter comme une lutte entre une imagination et des desseins de plus en plus hardis, un désir croissant de légèreté, de fantaisie et de richesse, — et d'autre part, un sentiment de la matière et de ses propriétés qui ne s'obscurcit et ne s'égare que vers la fin de cette grande époque. Ce développement est marqué par l'accroissement de la science combinée de la structure et de la coupe des pierres, et s'achève par des prodiges et par les abus inévitables d'une virtuosité excessive.

Mais avant d'en arriver à cette décadence, que de chefs-d'œuvre, quels accords extraordinairement justes entre les facteurs de l'édifice ! L'art n'a jamais approché de si près la logique et la grâce des êtres vivants, — j'entends, de ceux que la nature a heureusement réussis, — que dans ces œuvres admirables qui bien différentes de celles dont la valeur se réduit à la valeur d'un décor de théâtre, supportent, et même suggèrent et imposent, le mouvement, l'examen, la réflexion. Circonstance singulière : nous ignorons entièrement les méthodes, la culture technique et théorique, les connaissances mathématiques et mécaniques de leurs grands créateurs.

Je signalerai au passage deux caractères très importants de leurs ouvrages, qui illustreront avec précision ce que je viens de dire au sujet de leur manière de concevoir. Entrez à Notre-Dame de Paris, et considérez la tranche de l'édifice qui est comprise entre deux piliers successifs de la nef. Cette tranche constitue un tout. Elle est comparable à un segment de vertébré. Au point de vue de la structure comme au point de vue de la décoration, elle est un élément intégrant complet et visiblement complet. D'autre part, si vous portez votre attention sur les profils des formes, sur le détail des *formes de passage*, des moulures, des nervures, des bandeaux, des arêtes qui conduisent l'œil dans ses mouvements, vous trouverez dans la compréhension de ces moyens auxiliaires si simples en eux-mêmes, une impression comparable à celle que donne en musique l'art de moduler et de transporter insensiblement d'un état dans un autre une âme d'auditeur. Mais il n'est pas besoin d'édifices considérables pour faire apparaître ces qualités supérieures. Une chapelle, une maison très simples y suffisent, et suffisent dans dix mille villages à nous représenter des témoins séculaires de ce sentiment de l'intimité de la forme avec la matière par laquelle une construction même tout humble a le caractère d'une production spontanée du sol où elle s'élève.

Après tout ce que j'ai dit, on ne sera point étonné que je considère la France elle-même comme une *forme*, et qu'elle m'apparaisse comme une *œuvre*. C'est une nation dont on peut dire qu'elle est faite de main d'homme, et qu'elle est en quelque manière dessinée et construite comme une figure dont la diversité de ses parties s'arrangent en un individu. On pourrait dire aussi qu'elle est une sorte de loi, qu'un certain territoire et une certaine combinaison ethnique donnent à un groupement humain qui ne cesse au cours des âges de s'organiser et de se réorganiser suivant cette loi. L'effet le plus visible de la loi qui ordonne l'existence de la France est, comme je l'ai dit plus haut, la fonction de Paris, et la singularité de son rôle. Ce phénomène capital était nécessaire dans un pays qui n'est point défini par une race dominante, ni par des traditions ou des croyances, ni par des circonstances économiques, mais par un équilibre très complexe, une diversité extrêmement riche, un ensemble de différences des êtres et des climats auxquels devait répondre un organe de coordination très puissant.

Quant au caractère de la nation, on le connaît assez. Elle est vive d'esprit, généralement prudente dans les actes, mobile à la surface, constante et fidèle en profondeur. Elle néglige assez facilement ses traditions, garde indéfiniment ses habitudes; elle est sagace et légère, clairvoyante et distraite, tempérée à l'excès, et même infiniment trop modérée dans ses vrais désirs pour une époque où l'énormité des ambitions, la monstruosité des appétits sont presque des conditions normales. Le Français se contente de peu. Il n'a pas de grands besoins matériels, et ses instincts sont modérés. Même il considère avec un certain scepticisme le développement du machinisme et les progrès de cet ordre dans lequel il lui arrive souvent de créer et de s'endormir ensuite sur son œuvre, laissant aux autres le soin et le profit de s'en servir. Peut-être les Français pressentent-ils tout ce que l'esprit et ses valeurs générales peuvent perdre par l'accroissement indéfini de l'organisation et du spécialisme.

Ce dernier trait s'accorde bien avec la thèse générale de ma petite étude. Il est clair qu'un peuple essentiellement hétérogène et qui vit de l'unité de ses différences internes ne pourrait sans s'altérer profondément, adopter le mode d'existence uniforme et entièrement discipliné qui convient aux nations dont le rendement industriel et la satisfaction « standardisée » sont des conditions ou des idéaux conformes à leur nature.

Le contraste et même les contradictions sont presque essentiels à la France. Ce pays où l'indifférence en matière de religion est si commune, est aussi le pays des plus récents miracles. Pendant les mêmes années que Renan développait sa critique et que le positivisme ou l'agnosticisme s'élargissaient, une apparition illuminait la grotte de Lourdes. C'est peut-être au pays de Voltaire et de quelques autres que la foi est le plus sérieuse et le plus solide, que les Ordres recruteraient le plus aisément, que l'Église a attribué les canonisations les plus nombreuses dans ces dernières années. Mais peu de superstitions; je veux dire : moins qu'ailleurs. Il y a en France moins de télépathies, moins de recherches « psychiques », moins d'évocations et de thérapeutiques prestigieuses, qu'il n'y en a dans certaines contrées moins superficielles. Je ne veux pas dire qu'il n'y en ait point.

Paul VALÉRY
de l'académie française

A PROPOS DE MES PHOTOGRAPHIES

Nous pensons à la France et nous ne voyons jamais qu'une ville : Paris. Son éclat fait disparaître la province, le vaste pays qui va du Rhin aux Pyrénées, dans un clair-obscur incertain. Ce caractère circonscrit de notre impression n'est pas dû au hasard, il est le résultat d'un effort politique séculaire. La force du pays n'en continue pas moins à reposer, aujourd'hui comme jadis, dans la province riche et multiple, toute recouverte des monuments d'une antique culture.

Ils sont magnifiques, les édifices princiers qui entourent Paris de leur couronne, magnifiques aussi les châteaux de la Loire. Les merveilles du gothique, dans le Nord, ont une telle ampleur qu'on n'a jamais pu les oublier complètement, mais celles du roman, dans le Midi, ne sont pas moindres. Le particularisme de la vie bretonne, l'art religieux et paysan de la péninsule armoricaine, ses costumes et ses paysages ont des admirateurs bien au-delà des frontières françaises. Le riche public cosmopolite connaît la Côte d'Azur sillonnée d'autos de luxe, le pays du bleu et de l'élégance, tandis qu'en face, la Corse a conservé dans leur pureté une nature sauvage aux couleurs éclatantes et la fierté d'un petit peuple. La Provence, brûlée par le soleil, éventée par le mistral, endort le tumulte du torrent touristique dans la grandeur de son silence, car la nature et une civilisation deux fois millénaire y parlent un langage d'une puissance incomparable. Surgi comme un mirage au-dessus de la plaine marine, le Mont Saint-Michel, entassement de murailles gothiques rajeunies en flèche; Carcassonne, ville de film, avec sa formidable et double ceinture de remparts, la vision médiévale qu'elle suspend aux collines vineuses, sont devenus l'un et l'autre des lieux de pèlerinages nationaux.

Aujourd'hui, l'automobile ouvre au tourisme les possibilités les plus diverses. Pourtant les utilise-t-on vraiment ? Certes, il y a déjà de grands parcours consacrés par la vogue, la poussière des auto-cars embrume les merveilleuses allées des routes et des vieux murs vénérables, où le Moyen Age semble avoir laissé flotter une atmosphère de recueillement, sont assaillis par la cohue de la foule moderne. Mais la France est grande et, malgré tout, elle garde plus d'un coin tranquille. Les voyageurs sensibles (au nombre desquels je me compte) peuvent encore, en auto, parcourir son territoire avec plus de plaisir que jamais; pour eux, la route a retrouvé une vie nouvelle et le dynamisme de la « vitesse » propre à notre temps les précipite d'impression en impression. C'est ainsi que durant trente kilomètres ma petite voiture m'a porté... Mais la sensibilité qui, seule, permet la vraie vision, chacun doit la trouver en lui-même.

Ce livre ne veut pas être un dictionnaire par l'image, mais fixer une impression personnelle dans ce qu'elle a eu d'immédiat. Ceux qui connaissent une ou deux régions de la France, comme c'est le cas de la plupart des personnes ayant voyagé pour leur plaisir, estimeront sans doute que ces régions, les plus faciles à atteindre, se trouvent ici insuffisamment représentées. Moi-même j'ai dû choisir dans un nombre de clichés dix fois plus grand, et je me suis efforcé, en ce faisant, de rendre autant que possible justice aux différentes régions. Toutefois, en raison de son riche passé, le Midi s'est trouvé favorisé dans une certaine mesure.

Pour le choix des reproductions touchant l'architecture, l'objectif poursuivi aura été de passer en revue les différents styles de même que les catégories de monuments les plus nombreuses possibles, tant religieuses que profanes. Au lieu de vues d'ensemble forcément banales, on trouvera de fréquentes reproductions fixant des détails caractéristiques. Qu'il ait fallu faire une large place à la décoration intérieure, c'est chose trop évidente, étant donnée la maîtrise des Français dans ce domaine.

Ce livre voudrait suggérer, faire voir. Il cherche à montrer une France souvent inconnue. Mais qui donc connaît même ce qui est connu ? Le souci de l'ensemble, dans la répartition des photographies, a été subordonné à d'autres principes dont il fallait tenir compte : avant tout, j'ai cherché à donner à ce recueil la cohésoin intérieure qu'on doit, par définition, exiger de toute œuvre de l'esprit. Ce qui doit ici apparaître aux regards, c'est l'unité de la France dans sa multiplicité. Certains aspects plus humbles séduiront ceux qui, connaissant le pays plus intimement, savent quel mélange unique de prosaïsme et de poésie, de médiocrité bourgeoise et de sociabilité raffinée compose le charme de la province française.

La photographie, l'image obtenue par un procédé mécanique ont aujourd'hui la prétention d'être prises au sérieux, dans la mesure du moins où elles se prennent au sérieux elles-mêmes, et en particulier, la réunion d'un grand nombre de reproductions destinées à former un livre impose à tout photographe consciencieux les mêmes exigences qu'il convient d'observer dans la composition d'un recueil de poèmes. Je ne veux point traiter ici de la « photographie artistique ». L'art est un bien grand mot. Efforçons-nous, provisoirement, de faire de *belles* photos. Beauté, d'ailleurs implique *convenance*. Ce dernier point, hélas ! ne semble pas encore évident pour tout le monde.

En ce qui concerne l'architecture, la photographie a pour mission essentielle d'être objective, c'est-à-dire qu'elle ne doit jamais, en abusant des arbres en fleurs, des porches monumentaux, des effets de lumière, poursuivre un pittoresque factice, ennemi de la détermination de la distance, se mettre exclusivement au service de l'architecte et de son œuvre. Sans qu'il lui soit permis pour cela de tomber dans la sécheresse documentaire, d'oublier d'être belle. Ces conditions une fois respectées, la photographie ne servira pas seulement la critique des styles ou l'analyse scientifique, elle pourra s'élever au rang d'interprète direct et bienfaisant de l'œuvre d'art et de la nature.

Le paysage présente une difficulté d'autant plus grande que la mémoire du photographe ne cesse, ici, d'évoquer à ses yeux les chefs-d'œuvre de tant de paysagistes dont la puissance visionnaire l'oblige perpétuellement à rougir de son humble besogne contre les tentations d'un esprit vainement théâtral ou contre les errements d'une jonglerie purement technique.

La France est un vaste pays aux horizons et à l'atmosphère toute de douceur. Elle ne connaît pas les violents contrastes de la lumière hollandaise, et les formes denses et plastiques y font place à l'équilibre délicat des façades. Et c'est également pourquoi la France est un pays qui n'a pas connu le « baroque ». Le puissant individualisme d'autres peuples occidentaux lui manque. Aussi a-t-elle créé le formalisme social le plus rigoureux et le plus fécond que l'Europe ait jamais réalisé; dans les églises et les cloîtres français, l'ardeur d'une foi commune a trouvé sa véritable expression, tandis que par leurs édifices profanes, les siècles plus tardifs ont su manifester une culture nettement mondaine et politique.

Non seulement le classicisme, mais le Moyen-Age chrétien ont généralement, en France, ignoré la chaleur de ce qui est vraiment personnel ou cette sorte d'inquiétude qui va jusqu'aux dernières profondeurs de l'âme. Une supériorité sur le plan du monde, supériorité qui peut, à un certain point de vue, paraître foide, a donné à l'art français les moyens qui lui ont permis d'atteindre la pureté la plus exquise à côté d'une grandeur faite de discipline. La mystique qui respire au fond de la pensée mathématique, aucun autre peuple d'Occident ne l'a plus profondément saisie ni plus délibérément exprimée que les Français. Des idées claires jusqu'à la transparence, la grâce dans l'expression et la secrète profondeur dans la connaissance, ce sont là les trois caractéristiques de l'esprit français tel qu'il apparaît dans l'art du passé et, actuellement encore, dans l'œuvre d'un grand poète.

Les photographies sont classées dans l'ordre suivant: Paris - la Bourgogne - la Savoie - le Dauphiné - la Côte d'Azur - la Corse - la Provence - les Pyrénées - la Garonne - l'Auvergne - la Loire - la Bretagne - la Normandie - le Nord - la Champagne - la Lorraine - l'Alsace. - Les vues ont été prises avec un appareil Sinclair-Una et en général sur films Kodak.

Martin HURLIMANN

UNE ROUTE NATIONALE

PARIS. LA TOUR EIFFEL

PARIS. NOTRE-DAME

PARIS. PLACE DE LA CONCORDE

PARIS. LOUVRE

PARIS. LE DOME DES INVALIDES

PARIS. ILE ST-LOUIS

PARIS. PONT ROYAL

PARIS, CITÉ UNIVERSITAIRE

PARIS. MUSÉE D'ART MODERNE

EGLISE DU RAINCY

PARIS. ST-GERMAIN-DES-PRÉS

CHATEAU DE CHANTILLY

CHANTILLY, LE PARC DU CHATEAU

CHATEAU DE VERSAILLES. SALON DE LA GUERRE

CHATEAU DE VERSAILLES

16

PARC DU CHATEAU DE VERSAILLES

VERSAILLES. LE GRAND TRIANON

RAMBOUILLET

PALAIS DE FONTAINEBLEAU

PALAIS DE FONTAINEBLEAU. SALLE DU CONSEIL

PALAIS DE COMPIÈGNE. BIBLIOTHÈQUE DE NAPOLÉON Ier

CATHÉDRALE DE CHARTRES

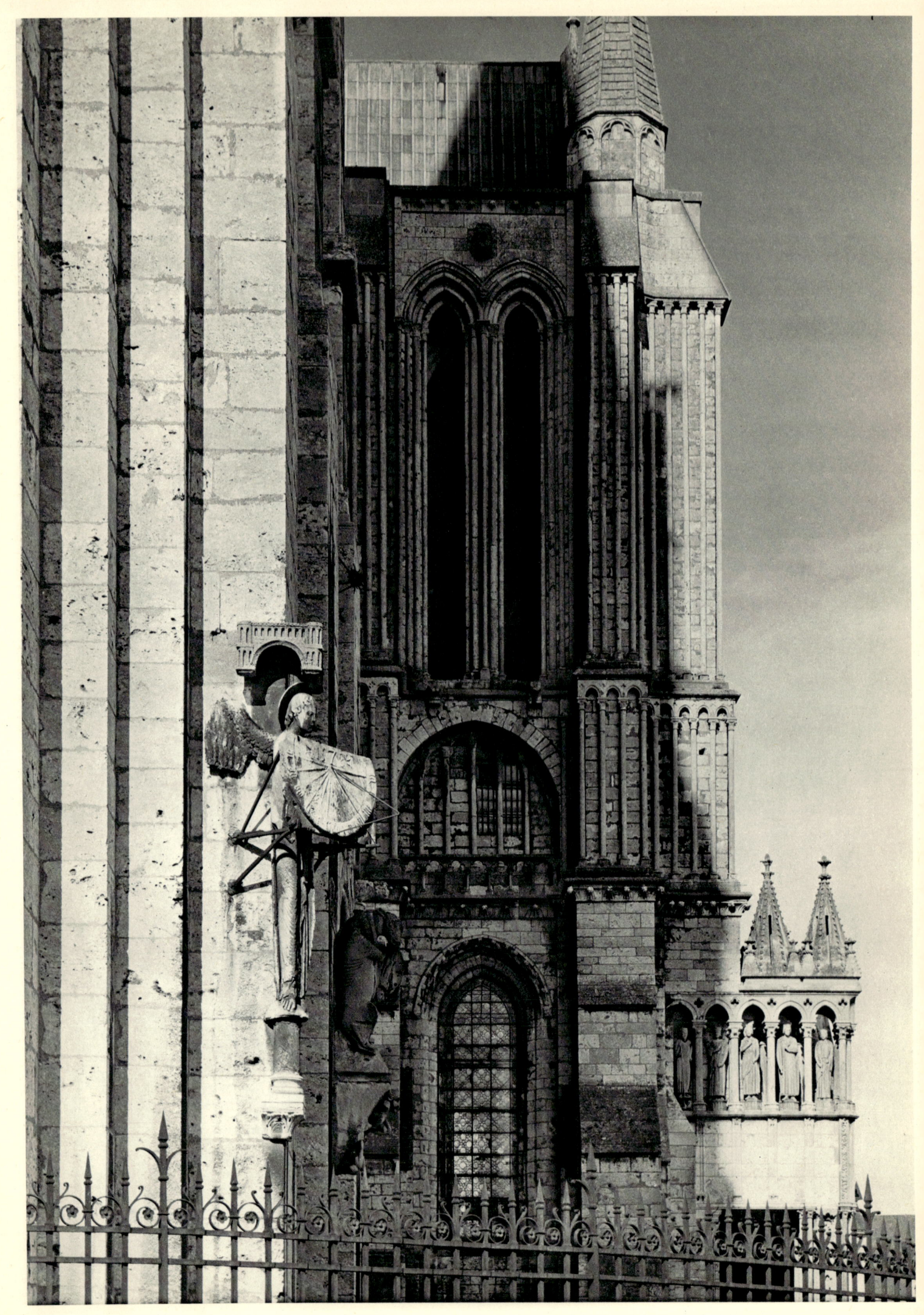

CHARTRES

EN BEAUCE

VALLÉE DE L'YONNE 26

VILLENEUVE-SUR-L'YONNE 27

TROYES. ST-URBAIN

AUXERRE

CHABLIS 30

CHABLIS 31

AVALLON

VEZELAY. MADELEINE

AUTUN. PORTE D'ARROUX

SAINT-SEINE-L'ABBAYE

FERME EN BOURGOGNE

COTE D'OR

BEAUNE. HOTEL-DIEU

DIJON, PUITS DE MOÏSE

DÔLE

LE DOUBS

AUX BORDS DU DOUBS

ÉGLISE DE BROU. MAUSOLÉE DE MARGUERITE D'AUTRICHE

SALINS (JURA)

LYON. HOTEL DE VILLE

MACON

PONT ST-ESPRIT

VIENNE. ANCIENNE CATHÉDRALE ST-MAURICE

GRENOBLE

LE LAC LÉMAN A EVIAN

ANNECY

LA GRANDE CHARTREUSE

VALLÉE DE CHAMONIX

LE MONT BLANC

LA MER DE GLACE

BRIANÇON

EMBRUN

ROUTE NAPOLÉON

SISTERON

CASTELLANE

GRAND CAÑON DU VERDON

GRASSE

LA TURBIE

ANTIBES

CAP MARTIN

NICE. PROMENADE DES ANGLAIS

MENTON

MARSEILLE

SANARY-SUR-MER

CASSIS

TOUR GÉNOISE PRÈS DE BASTIA (CORSE)

72

CALANCHE DE PIANA

COL DE BAVELLA

BONIFACIO

ERBALUNGA

BASTIA

LES BAUX 78

LES BAUX

ORANGE. ARC DE TRIOMPHE

ST-REMY (PROVENCE). LES ANTIQUES

ARLES. THÉATRE ANTIQUE

NIMES. ARÈNES

ARLES. LES ALISCAMPS

LE PONT DU GARD

AIX-EN-PROVENCE

ABBAYE DE MONTMAJOUR

CHATEAU DE TARASCON

AVIGNON

AVIGNON. PALAIS DES PAPES

AVIGNON. PALAIS DES PAPES

MARTIGUES

AIGUESMORTES

AIGUESMORTES

SAINT-GILLES

LA CATHÉDRALE D'AGDE

ELNE

BÉZIERS

PERPIGNAN

LE LITTORAL PRÈS DE BANYULS

BANYULS

COLLIOURE

FOIX

CIRQUE DE GAVARNIE

MUSCULDY 105

MONTRÉJEAU 106

CATHÉDRALE DE BAYONNE

CANAL PRÈS DE CERONS

CARCASSONNE

CARCASSONNE

FERME ALBIGEOISE

III

ALBI

MONTAUBAN. PONT DU TARN

CAHORS. PONT VALENTRÉ

TOULOUSE. HOTEL D'ASSÉZAT

MOISSAC

SOUILLAC

BORDEAUX. PLACE DES QUINCONCES

SAINT-ÉMILION

VIGNOBLES DU MÉDOC

VILLEFRANCHE-DE-ROUERGUE

CONQUES

SAINTE-ÉNIMIE

GORGES DU TARN

MILLAU

MILLAU

LES EYZIES-DE-TAYAC

LA ROCHELLE

LA ROCHELLE

PÉRIGUEUX

COGNAC

ANGOULÊME

LA CHAISE-DIEU

MURAT

LE PUY. ROCHER D'AIGUILLE

LE PUY

LAC DE GUÉRY (AUVERGNE)

LE MONT-DORE

LE ROCHER SANADOIRE

AUVERGNE. MONTS DÔMES

CATHÉDRALE DE MOULINS

CATHÉDRALE DE BOURGES

ST-BENOIT-SUR-LOIRE

CHATEAU DE SULLY-SUR-LOIRE

NEVERS. PALAIS DUCAL

ORLÉANS

GIEN

CHATEAU DE BLOIS

AMBOISE

CHATEAU DE CHAMBORD

CHATEAU DE CHAUMONT

CHATEAU DE CHEVERNEY

CHATEAU DE CHENONCEAU

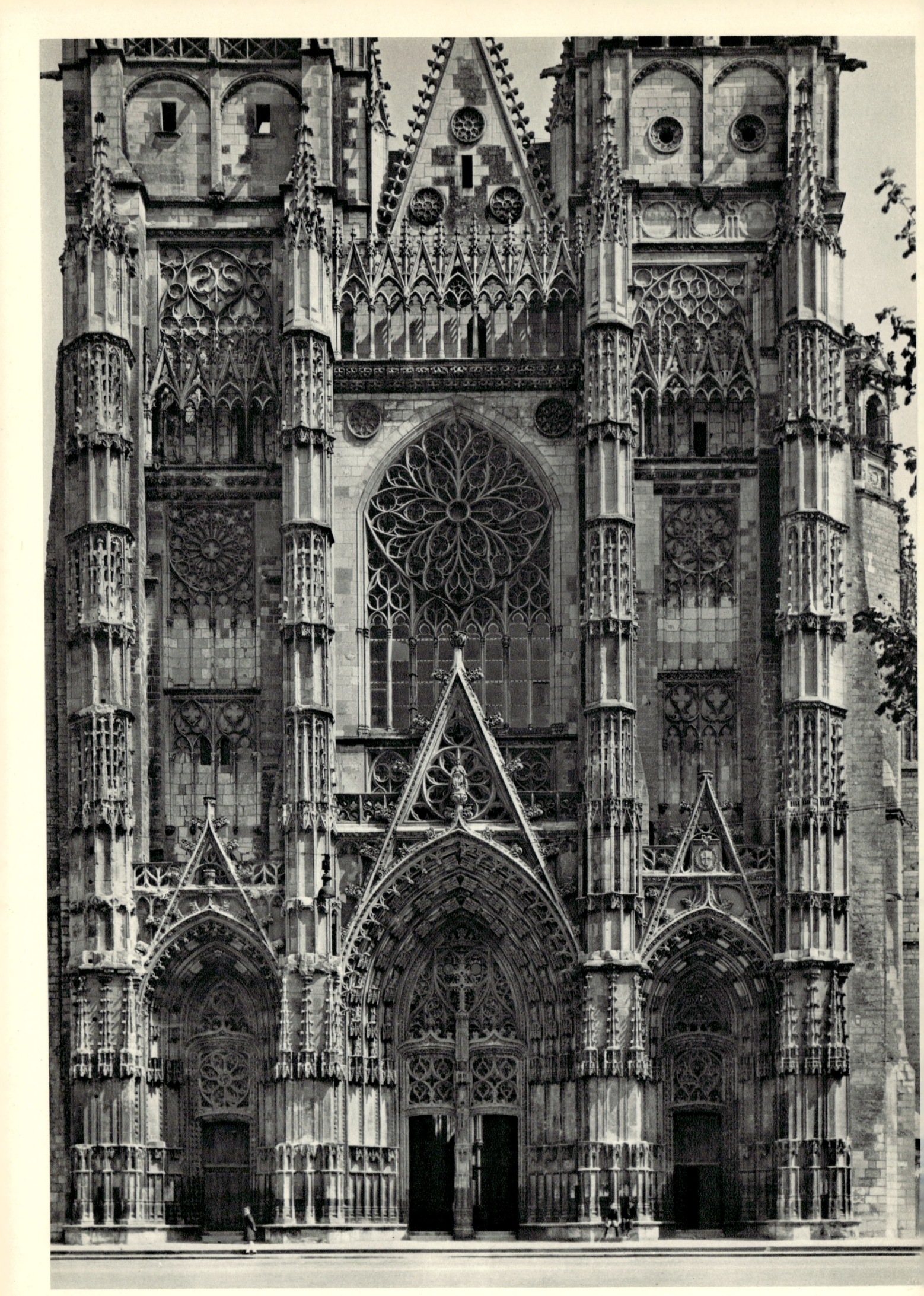

CATHÉDRALE DE TOURS

POITIERS. NOTRE-DAME-LA-GRANDE

CHINON. RUE VOLTAIRE

ABBAYE DE FONTEVRAULT

ST-SAVIN-SUR-GARTEMPE

ST-SAVIN-SUR-GARTEMPE

L'INDRE A REIGNAC

CHARTREUSE DU LIGET

ANGERS

NANTES

CANAL DU CLAIN (VENDÉE)

MORLAIX

VANNES 166

PARDON DE SAINTE-BARBE

LE CROISIC

CARBNAC. ALIGNEMENTS DU MÉNEC

BRETAGNE. ENTRE GUINGAMP ET MORLAIX

CALVAIRE DE GUIMILIAU

CALVAIRE DE PLOUGASTEL-DAOULAS

QUIMPER

CHATEAU DE VITRÉ

CAP FRÉHEL

FORT LA LATTE

SAINT-MALO

DINAN

LE MONT SAINT-MICHEL

CATHÉDRALE DE BAYEUX

CATHÉDRALE DE COUTANCES

CAEN. ST-ETIENNE

CAEN, ST-PIERRE

ROUEN

HONFLEUR

MAISON RURALE NORMANDE

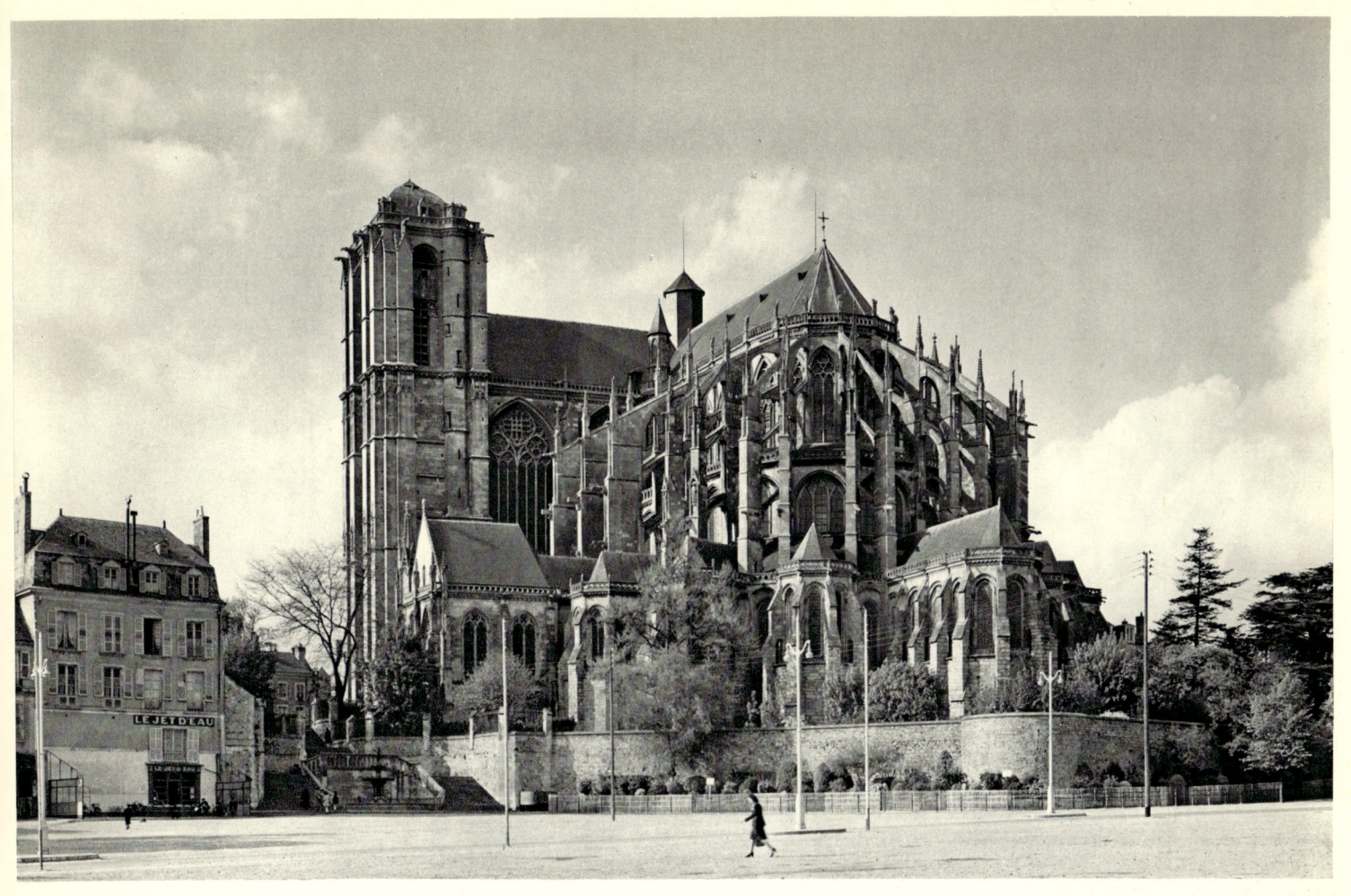

LE MANS

LAVAL

LOUVIERS. NOTRE-DAME

NOGENT-LE-ROTROU

CALAIS. MONUMENT DES BOURGEOIS DE CALAIS (RODIN)

ÉTRETAT

ABBEVILLE. ST-VULFRAN

ARRAS

ARRAS

CATHÉDRALE DE BEAUVAIS

BEAUVAIS. CATHÉDRALE ET PALAIS DE JUSTICE

CATHÉDRALE D'AMIENS

SOISSONS. ABBAYE DE ST-JEAN-DES-VIGNES

LAON

SENLIS

NOYON

REIMS. MONUMENT DE JEANNE D'ARC

REIMS

CANAL EN CHAMPAGNE

MEAUX

LANGRES

NANCY. PLACE STANISLAS

DANS LES VOSGES

PAYSAGE JURASSIEN PRÈS DE BELFORT

GUEBWILLER. ÉGLISE ST-LÉGER

RIQUEWIHR

SÉLESTAT. ÉGLISE ST-GEORGES

COLMAR. ANCIENNE DOUANE (KOIFHUS)

ZELLENBERG

STRASBOURG

Commentaires des planches de l'ouvrage :
LA FRANCE

LA FRANCE

1. Sur une des *Routes Nationales* souvent ombragées, qui partent de Paris dans toutes les directions. Depuis que Henri IV créa la fonction de *Grand-Voyer* ou inspecteur des routes royales, le réseau des routes de la France a été successivement développé et adapté aux nécessités stratégiques, touristiques et commerciales du temps.

2. *Paris*. La *Tour Eiffel* s'élève sur le Champ-de-Mars, au bord sud de la Seine. Cette construction de fer de 300 m. a été conçue par Maurice Koechlin pour le bureau de l'ingénieur G. Eiffel. Elle fut l'attraction principale de l'Exposition Universelle de 1889. En 1902, la tour servit à Ferrié pour ses essais de T.S.F. et devint ensuite un important poste d'émission.

3. *Paris*. Derrière les bouquinistes des quais de la Seine s'élève la masse de *Notre-Dame*, cathédrale de Paris, une des plus importantes créations de l'art gothique. C'est au VIe siècle que Childebert fonda la première église chrétienne à la place d'un temple romain dans l'île de la Cité. La construction de la cathédrale actuelle fut commencée par l'évêque Maurice de Sully, qui est représenté dans le tympan du portail droit de la façade ouest. Elle fut presque terminée sous le règne de Saint Louis, vers 1250.

4. *Paris*. La *Place de la Concorde* est au croisement des deux axes qui vont du Louvre à l'Arc de Triomphe et du Palais Bourbon à l'église de la Madeleine. Vers la Madeleine (commencée en 1764, mais terminée en 1826 seulement d'après le modèle d'un temple grec), l'entrée de la Rue Royale est encadrée par deux bâtiments de Gabriel (XVIIIe s.) à gauche l'Hôtel Crillon, à droite le Ministère de la Marine. En 1836 on érigea au milieu de la place l'obélisque de Louqsor, que Méhémet-Ali avait offert à Louis-Philippe; les deux fontaines qui rappellent celles de la place Saint-Pierre à Rome, furent dessinées par Hittdorf.

5. *Paris*. Dès 1200 le château que Philippe-Auguste fit bâtir autour d'un donjon fut connu sous le nom de *Louvre*. François Ier érigea une nouvelle construction somptueuse que ses successeurs agrandirent comme résidence royale. Sous Louis XIV fut construite l'élégante façade est, la « Colonnade », œuvre de Claude Perrault qui s'inspira du Vitruve. En 1793, Napoléon Ier installa le premier musée au Louvre.

6. *Paris*. Le *Dôme des Invalides*, avec sa haute coupole dorée, forme le centre du front sud de l'Hôtel des Invalides, que Louis XIV fit bâtir pour recevoir jusqu'à 7000 invalides pensionnés. Dès 1679 Jules Hardouin-Mansard construisit le Dôme qui devait commémorer le règne glorieux du Roi-Soleil. En 1840, à l'intérieur du bâtiment fut placé le tombeau de Napoléon Ier.

7. *Paris*. L'*île Saint-Louis* forme, avec l'île de la Cité, le centre du Vieux-Paris avec ses hôtels du XVIIe siècle.

8. *Paris*. Le *Pont-Royal* fut construit en 1685-1689 par P. Romain et J. Gabriel d'après les plans de Mansard, en remplacement d'un pont de bois. Sur la rive droite de la Seine s'élève le *Pavillon de Flore*, qui faisait partie du palais des Tuileries et dans lequel se trouvaient les appartements de l'Impératrice Eugénie.

9. La *Cité Universitaire de Paris* fut fondée en 1920 pour servir de logement aux étudiants français et étrangers. Parmi les bâtiments des différentes nations représentant les styles les plus divers, la *Fondation suisse* est une des œuvres les plus remarquables de l'architecte Le Corbusier.

10. *Paris*. Le *Palais des Musées d'Art moderne*, au bord de la Seine, fut construit pour l'exposition de 1937 par les architectes Dondel, Aubert, Viard et Dastugue; le grand bas-relief est de Janniot. Les deux ailes qui contiennent les collections d'Art moderne de l'état français et de la ville de Paris sont reliées par une colonnade.

11. Au Raincy, petite ville moderne à l'est de Paris, l'église en béton armé, est une des œuvres capitales de l'architecte A. Perret.

12. L'église de *Saint-Germain-des-Prés* est la plus ancienne de Paris. Elle date du XIe s. et appartint à une puissante abbaye. La tour a été complétée au XIIe s. La place St-Germain est devenue avec ses cafés un centre de la vie artistique et intellectuelle de la rive gauche.

13-14. Au milieu d'un étang s'élève le *château de Chantilly* que le connétable Anne de Montmorency se fit construire en 1560 par Jean Bullant. Sous le Grand Condé, Le Nôtre ajouta le parc. Au XIXe s. le duc d'Aumale fit réparer tous les dégâts causés par la grande révolution et il reconstruisit le Grand Château derrière le Petit Château ou la Capitainerie; en 1886, il légua tout le domaine avec sa bibliothèque et ses précieuses collections à l'Institut de France, dont il était membre.

15-17. *Le Château de Versailles* fut de 1682 à la Révolution de 1789 la résidence des rois de France. Le Van élargit le petit pavillon de chasse de Louis XIII, et Hardouin-Mansard sut donner à la façade occidentale vers le jardin, son aspect grandiose d'arrière-plan au parc de Le Nôtre. La décoration intérieure du château sous le Roi-Soleil fut surtout l'œuvre de Charles Le Brun.

15. *La terrasse* sise devant la façade du corps central vers le jardin contient la Galerie de Glaces où fut proclamé en 1871 l'Empire allemand et où siégea en 1919 la conférence de la paix.

16. *Le Salon de la guerre* avec son haut-relief en stuc par Coysevox, représente Louis XIV à cheval.

17. *La fontaine de Diane* et l'allée des Trois-Fontaines dans les jardins du château.

18. *Le Grand Trianon à Versailles* fut construit en 1687 par Hardouin-Mansard pour offrir à Louis XIV une demeure intime lui permettant de se reposer de la vie d'apparat qu'il menait dans le grand château. Les deux parties du bâtiment sont reliées par une colonnade de marbre vert et rose.

19. Le château de *Rambouillet* (Seine-et-Oise) servit souvent aux rois de logis pendant la chasse. François Ier y mourut en 1547. Depuis Félix Faure (1896) les présidents de la République française l'ont choisi comme résidence d'été. Le *parc* avec ses canaux, créé par Fleurian d'Armenouville vers 1700, se perd dans la forêt de Rambouillet.

20-21. *Fontainebleau* (Seine-et-Marne). François Ier fit édifier par Giles Le Breton, au lieu d'un vieux logis de chasse dans la forêt de Bière, le magnifique château Renaissance qui fut agrandi et décoré par ses successeurs jusqu'à Napoléon Ier.

C'est dans la cour du *Cheval-Blanc* ou *Cour des Adieux* (pl. 20) que Napoléon, le 20 avril 1814, fit ses adieux à sa vieille garde après son abdication du 7 avril. La façade principale du château avec ses cinq pavillons a été rénové depuis le règne de François Ier; le double escalier du milieu en fer à cheval a été construit en 1634 par Jean Ducerceau.

La *Salle du Conseil* (pl. 21) date de François Ier, mais sa décoration et son ameublement actuels sont un magnifique exemple du style Louis XV (peintures de F. Boucher, C. van Loo, J.-B. Pierre, mobilier à tapisseries de Beauvais).

22. *Le château de Compiègne* (Oise) remplace depuis Louis XV un château plus modeste et rustique des rois de France (depuis 1738, architectes Gabriel père et fils). Napoléon Ier restaura somptueusement le palais qui avait souffert pendant la révolution. Sa bibliothèque, avec mobilier de Jacob, est de pur style Empire de 1810.

23-24. La ville haute de *Chartres* (Eure-et-Loir), dominée par sa cathédrale, s'élève sur la rive gauche de l'Eure. La cathédrale de Notre-Dame, construite à partir de 1194, une des œuvres capitales de l'art gothique, a gardé presque la totalité de sa statuaire et de ses vitraux. A l'angle de la tour sud (« clocher vieux ») un ange du XIIe s. auquel on ajouta en 1578 un cadran solaire (pl. 24).

25. *La Bauce* avec ses plaines fertiles fut appelée le grenier de la France.

26. Dans la vallée de l'*Yonne*, affluent de la Seine, entre Joigny et Sens.

27. La petite ville de *Villeneuve-sur-Yonne* (Yonne) a été construite par Louis le Jeune en 1163. Elle garde ses deux portes fortifiées du Moyen Age.

28. *Troyes* (Aube) possède, à part sa cathédrale, plusieurs églises qui attestent son importance comme ancienne capitale de la Champagne. L'église St-Urbain fut construite en 1262 par le pape Urbain IV sur l'emplacement où son père travailla comme simple cordonnier.

29. *Auxerre* (Yonne) sur la rive gauche de l'Yonne avec l'ancienne cathédrale St-Etienne fondée au IVe s. et reconstruite pour la seconde fois au XIIIe-XVIe siècle dans le style gothique de la Champagne.

30-31. *Chablis* (Yonne) est le centre des vignobles de la Basse-Bourgogne. (pl. 30). Vue d'un vignoble sur la ville avec la tour de l'église St-Martin du XIIe siècle.
(pl. 31) Vieux moulin en dehors des remparts.

32. *Avallon* (Yonne) : vue de la place St-Lazare sur la rue Bocquillot avec la tour de l'horloge du XVe siècle.

33. *Vézelay* (Yonne) est le siège d'une abbaye bénédictine fondée au IXe s., qui dut sa célébrité, comme lieu de pèlerinage au cours du Moyen Age, aux reliques de Sainte-Madeleine. Bernard de Clairvaux y prêcha en 1146 la deuxième croisade. Philippe Auguste et Richard Cœur de Lion s'y engagèrent. La basilique Sainte-Madeleine du XIe s. est une des œuvres capitales de l'art roman en France. Le portail central qui mène du narthex à la nef est surmonté d'un riche tympan, représentant le Christ et ses Apôtres.

34. *Autun* (Saône-et-Loire). *La porte d'Arroux* est un des monuments de l'antique Augustodununs, qui avait la double étendue de la ville actuelle.

35. *Saint-Seine-l'Abbaye* (Côte-d'Or) fut fondé en 534 par Saint Seine; l'église (XIIIe-XVe s.) de l'ancien cloître forme le centre du village actuel.

36. Une ferme en Bourgogne.

37. Vignobles de la *Côte-d'Or* sur la rive droite de la Saône, célèbres par les crûs fameux de Chambertin, Nuits-St-Georges, Pommard, Volnay, etc.

38. *Beaune* (Côte-d'Or), un des centres viticoles de la Bourgogne. Son Hôtel-Dieu fut fondé en 1443 par Nicolas Rolin, chancelier de Bourgogne. C'est une construction de style gothique flamand.

39. *Dijon* (Côte-d'Or), du XIIe au XVe s. résidence des ducs de Bourgogne. La Chartreuse de Champmol (aujourd'hui asile d'aliénés) fut fondé par le duc Philippe le Hardi. Claus Slutter, le célèbre sculpteur flamand y créa son œuvre capitale, le *Puits de Moïse*.

40. *Dole* (Jura) : Vue de la Place aux Fleurs sur la tour de l'église Notre-Dame - XVIe s.

41-42. *Le Doubs* en amont de Besançon.

43. *Bourg-en-Bresse* (Ain) : l'église de *Brou* a été bâtie de 1506 à 1532 par Marguerite d'Autriche pour recevoir les mausolées de son époux Philibert-le-Beau, de sa belle-mère Marguerite de Bourbon et d'elle-même. Les monuments furent dessinés par Jean de Bruxelles, les sculptures des défunts sont de Conrad Meidt.

44. *Salins-les-Bains* (Jura) : dans la vallée de la Furieuse, est dominé par le fort Belin.

45. *Lyon* (Rhône), la troisième ville de la France, antique Lugdunum au confluent du Rhône et de la Saône. Son hôtel de ville fut construit de 1646 à 1667 par Simon Maupin et rénové en 1702 par Hardouin-Mansard.

46. *Macon* (Saône-et-Loire) : un pont de pierre à 12 arcs reliés. Le célèbre centre viticole de la Bourgogne avec St-Laurent sur l'autre rive de la Saône.

47. *Vienne* (Isère), l'antique Vienna : l'ancienne cathédrale St-Maurice du XIIe au XVIe s., s'élève sur une terrasse au bord du Rhône; sa façade garde, en dépit de ses mutilations, les traces de sa riche décoration du XIVe au XVe s.

48. *Vienne* (Isère). Ancienne capitale des Allobroges, colonie romaine (Vienna) 47 av. J.-C., en 413 première capitale des Burgondes, plus tard siège du comté Viennois, fait partie de la France depuis 1448. L'ancienne cathédrale St-Maurice s'élevant sur une terrasse près du Rhône depuis le XIIe siècle n'eut sa forme définitive qu'au XVIe siècle. Ses 3 portails gardent malgré leur mauvais état les traces de la richesse de l'ancien ornement sculptural.

49. *Grenoble* (Isère), l'ancienne Gratianopolis, plus tard capitale du Dauphiné : vue de la rive gauche de l'Isère sur la rive droite avec l'église de Sainte-Marie-d'en-Haut et le fort de la Bastille.

50. *Annecy* (Haute-Savoie) : la ville ancienne est traversée par le canal du Thion au milieu duquel s'élève le « Palais de l'Isle ».

51. *La Grande Chartreuse* (Isère) au milieu du massif calcaire de la Grande Chartreuse fut fondée par St Bruno en 1084; les édifices actuels datent pour la plupart de 1676.

53. De Cluses à Chamonix, la route suit l'Arve et entre dans la vallée de Chamonix. Comme premier sommet de la chaîne du Mont Blanc, on aperçoit l'Aiguille du Goûter (3835 m.).

54. Vue de la Vallée de Chamonix (env. 1000 m.) sur le Mont Blanc (4807 m.).

55. Vue du Montanvert près de Chamonix sur la Mer de Glace et l'Aiguille de Tacul (3444 m.); à l'arrière-plan, couvertes par les nuages, les Grandes Jorasses.

56. *Briançon* (Hautes-Alpes), place fortifiée et point de départ des cols d'Izoard, du Lautaret et de Mont-Genèvre à 1200 m. d'altitude: dans une des ruelles de la ville haute qui mène à l'église de 1703-26.

57. *Embrun* (Hautes-Alpes), ancienne capitale des Alpes Maritimes: vue de la promenade du Roc sur la vallée de la Durance et la montagne du Grand Morgon.

58. Sur la route de Corps à St-Firmin, qui fait partie de la « Route Napoléon », inaugurée en 1932 pour commémorer la voie de l'Empereur après son débarquement à Golfe-Juan.

59. *Sisteron* (Basses-Alpes) au bord de la Durance, dominée par la citadelle.

60. *Castellane* (Basses-Alpes) : la place Marcel-Sauvaire surmontée par le « Roc ».

61. Gorges du Verdon, affluent de la Durance, près de Castellane, avec le *Grand Cañon du Verdon*.

62. *Grasse* (Alpes-Maritimes), avec sa vieille ville où s'élève l'ancienne cathédrale du XIIe s., est située sur le versant sud du plateau qui se prolonge en terrasses richement cultivées jusqu'à la plaine bordée par la mer; centre renommé pour ses parfums.

63. *La « Grande Corniche »*, route romaine achevée par Napoléon qui passe près de la principauté de Monaco en longeant les contreforts des Alpes.

64. *Antibes* (Alpes-Maritimes), centre d'horticulture, doit son origine aux Grecs qui établirent à Antipolis un centre de commerce au Ve s. av. J.-C. Près du Boulevard des Fronts-de-Mer, on suit la partie conservée des remparts bâtis au XVIe s.

65. *Le Cap-Martin*, péninsule entre Monte-Carlo et Menton, avec ses forêts de pins et d'oliviers.

66. *Nice*, chef-lieu du département des Alpes-Maritimes, la ville principale (182.000 habitants) de la *Côte d'Azur* et centre climatique, l'antique *Nicaea*, victoire des Massiliotes, fut au moyen âge l'enjeu des luttes entre les républiques italiennes, puis entre les ducs de Savoie et les comtes de Provence. Le vote des habitants et le traité de 1860 réunirent Nice à la France. La Promenade des Anglais, longeant la Baie des Anges, fut bâtie en 1822-24 aux frais de la colonie anglaise.

67. *Menton* (Alpes-Maritimes), importante station climatique, un des sites les mieux abrités

du littoral, au milieu d'une très riche végétation de citronniers, d'orangers et d'oliviers.

68. *Marseille*, chef-lieu du département des Bouches-du-Rhône, premier port commercial et 2ᵉ ville de France par le chiffre de sa population (550.000 habitants), doit son origine aux Phocéens, émigrés de l'Asie Mineure au VIᵉ s. av. J.-C. Le port de Massalia des Grecs, de Massilia des Latins rivalisait avec Carthage; réuni à la France par Louis XIV, le port de Marseille connut une nouvelle prospérité grâce à la prise d'Alger et au percement du Canal de Suez.
A l'entrée du Vieux-Port, le seul port de Marseille jusqu'en 1844, s'élève à gauche le fort Saint-Nicolas ou d'Entrecasteaux, construit d'après les plans de Vauban, à droite le fort Saint-Jean ou Grasse-Tilly. En 1943, les Allemands démolirent le quartier du Vieux-Port et le pont transbordeur qui dominait la ville depuis 1905.

69. *Sanary-sur-Mer* (Var), petit port de la Côte-d'Azur.

70. Le littoral rocheux à *Cassis* (Bouches-du-Rhône), avec le Cap Canaille.

71. Tour gênoise sur la côte de la *Corse* près de Bastia. L'île de la Corse fut soumise, après la chute de l'empire romain, à Constantinople et aux républiques de Pise et de Gênes; le 15 août 1769, jour de la naissance de Napoléon, la Corse fut réunie à la France.

72. Bois d'Oliviers près d'*Ajaccio*, chef-lieu du département de la Corse, sur la côte nord.

73. Entre Piana et Porto, la route traverse la région des calanches aux escarpements de granit rouge.

74. *Le Col de Bavella* (1243 m.); sommet le plus élevé de la chaîne de montagnes qui forme l'île, conduit au *Monte Cinto* (2710 m.).

75. Ville de *Bonifacio*, à l'extrémité méridionale de la Corse, occupe la plateforme d'une presqu'île de calcaire blanc s'avançant en surplomb, d'une hauteur de 60 m., sur la mer en face de la Sardaigne dont elle est séparée par le canal (12 km.) des Bouches de Bonifacio.

76. *Erbalunga* près de Bastia.

77. *Bastia*, Métropole commerciale de l'île (37.000 habitants) fondée en 1380 par les Gênois.

78-79. *Les Beaux* (Bouches-du-Rhône), sur une terrasse isolée des Alpilles; centre important au XIIᵉ s., sous les seigneurs des Beaux, se dépeupla quand la ville fut vendue à Charles d'Anjou; en 1632. Louis XIII fit démolir le château, et aujourd'hui les ruines de l'ancienne ville ne contiennent plus que 55 habitants.

80. *Orange*, Aurasio des Gaulois, fut une importante colonie romaine. L'arc de triomphe est un des monuments les plus remarquables dressés par les Romains avec le théâtre, le seul édifice de cette époque qui témoigne de la grandeur de la ville romaine, ravagée par les Barbares. La maison de Nassau, à laquelle Orange appartint depuis 1530, dût céder la ville à Louis XIV.

81. Près de *Saint-Rémy-de-Provence* (Bouches-du-Rhône) s'élèvent, sur le Plateau des Antiques, l'arc de triomphe et le mausolée de la ville romaine de *Glanum*; récemment, on a découvert dans le voisinage l'emplacement d'une ville gallo-grecque.

82. *Arles* (Bouches-du-Rhône) doit son importance historique surtout à son pont sur le Rhône; l'Arelate des Gaulois devint un centre important sous la domination romaine. Du théâtre antique, construit sous Auguste, on n'a pu restaurer que quelques fragments (voir aussi N° 84).

83. *Nîmes*, chef-lieu du département de Gard, centre industriel et commercial (75.000 habitants), à ses origines le lieu d'une fontaine sacrée, fut doté par Antonin le Pieux, originaire de Nîmes, de nombreux édifices. Les *Arènes* pouvaient contenir plus de 20.000 spectateurs.

84. *Les Alyscamps*, les « Champs-Elysées » d'Arles (voir 82), célèbre nécropole depuis l'antiquité, furent dépouillés de leurs plus beaux sarcophages; aujourd'hui, plusieurs se trouvent au musée lapidaire d'Arles.

85. *Le pont du Gard*, construit par l'ordre d'Agrippa, traverse la vallée du Gardon en trois rangées d'arcades; il mesure 269 m. de long et 49 m. de haut et constitue l'aqueduc qui fournissait à Nîmes les eaux captées dans les environs d'Uzès.

86. *Aix-en-Provence* (Bouches-du-Rhône) : Cours Mirabeau, construit au XVIIe s., avec la fontaine des Neuf-Canons. Aquae Sextioe doit son nom au consul romain Sextius Calvinus (123 av. J.-C.) qui y créa une station balnéaire. Depuis sa réunion à la France (1481), Aix a été la capitale en titre de la Provence.

87. *L'Abbaye de Montmajour* (Bouches-du-Rhône), fondée au VIe siècle par St Césaire, évêque d'Arles, et enrichie par Charlemagne, avec son église romane du XIIe s. et le donjon du XIVe s.; à droite, on voit une aile, vestige des constructions élevées au XVIIIe s.

88. *Tarascon* (Bouches-du-Rhône). Le château fut commencé au XIVe siècle et terminé par le roi René au XVe.

89-91. *Avignon*, chef-lieu du département de Vaucluse (Avenio sous les Romains), fut une république indépendante au moyen âge et connut son époque la plus glorieuse au XIVe s., lorsque les papes, chassés d'Italie, se réfugièrent en France. Jean XXII agrandit le palais épiscopal (1319) que ses successeurs rebâtirent en lui donnant à l'extérieur l'aspect d'une forteresse.

89. De l'île du Rhône, la vue sur les remparts et le palais des Papes avec l'église Notre-Dame-des-Doms; à gauche, le rocher des Doms et ses jardins.

90. Vue sur le palais des Papes, de l'église Saint-Pierre.

91. Une partie, au sud, de la façade occidentale du palais des Papes, construite par Clément VI (1342-52) avec la salle de l'Audience au rez-de-chaussée et la chapelle pontificale au 1er.

92. *Martigues* (Bouches-du-Rhône), ville de pêcheurs sur l'étang de Berre.

93-94. *Aigues-Mortes* (Gard), située dans une région d'étangs salés, à 4 km. de la mer, est encore enfermée dans l'enceinte de ses remparts du XIIIe siècle construits par Philippe le Hardi; l'enceinte forme un rectangle de 567 et 497, 301 et 269 m. avec 15 tours et 10 portes.

95. *Saint-Gilles* (Gard) possède dans la façade de l'église abbatiale un chef-d'œuvre de l'art roman d'une importance égale à celle du portail de St-Trophime à Arles. L'abbaye fut fondée par Saint Gilles venu de Grèce au VIIe-VIIIe siècle.

96. *Agde* (Hérault), au bord de l'Hérault a été évincée comme port par le voisinage de Sète. L'ancienne cathédrale St-Étienne du XIIe s. construite avec le sombre basalte des environs fut conçue comme une forteresse à cause des fréquentes attaques subies par la ville au Moyen Age.

97. *Elne* (Pyrénées-Orientales), l'ancien Illiberis des Romains reçut le nom d'Helena (Castrum Helenae) en souvenir de la mère de l'empereur Constantin. L'évêché fondé en 571 fut transféré en 1602 à Perpignan. Les chapiteaux de l'ancien cloître roman attenant à l'ancienne cathédrale Sainte-Eulalie du XIe-XIIe siècle représentent des scènes de l'Ancien et du Nouveau Testament.

98. *Béziers* (Hérault), 60.000 habitants, ancien siège de la septième légion romaine (Baeterrae Septimanorum) fut détruit en 1209 comme fief des Albigeois par Simon de Montfort. La vieille cité avec l'ancienne cathédrale fortifiée Saint-Nazaire (XIIe-XIVe siècle) s'élève sur la rive droite de l'Orb traversé par le Pont-Vieux aux 17 arches (XIIIe siècle).

99. *Perpignan*, chef-lieu des Pyrénées-Orientales, 65.000 habitants. L'ancienne capitale du Roussillon a appartenu depuis 1172 à l'Aragon et a été de 1276 à 1462 la capitale du petit royaume de Mallorca avant d'échoir définitivement à la France en 1660.

100-101. *Route de la Corniche* menant de Collioure par Banyuls (Pyrénées-Orientales) jusqu'à la frontière espagnole en longeant la côte méditerranéenne.

102. *Collioure* (Pyrénées-Orientales), port de pêche pittoresque très fréquenté par les peintres. Ses fortifications rappellent qu'elle fut la gardienne de la plaine de Perpignan depuis l'antiquité. Gênes, Venise et Florence y avaient au XVe siècle leurs chargés d'affaires. Le vieux château des Templiers date du XIIe siècle.

103. *Foix*, chef-lieu de l'Ariège, dominé par un château-fort à tourelles des XIIe, XIVe et XVe s., ancien siège des puissants comtes de Foix. La ville s'est fondée autour d'un oratoire offert par Charlemagne, et devenu au Xe siècle l'abbaye St-Volusien.

104. *Cirque de Gavarnie* (Hautes-Pyrénées) avec ses glaciers et ses chûtes d'eau dominant le village du même nom (alt. 1350 m.). Au fond les pics des Pyrénées (3000 m.).

105. *Musculdy*, village du pays basque (Basses-Pyrénées).

106. *Montréjean* (Haute-Garonne).

107. *Bayonne* (Basses-Pyrénées), la plus grande ville du pays basque, autrefois Lapurdum d'où le nom de la région Labourd. Ce n'est qu'au XIIe siècle qu'on trouve le nom de Baiona. La construction de la cathédrale Sainte-Marie, une des plus importantes églises gothiques du Midi fut commencée en 1213 et constituée au XIVe et au XVe s. Beau cloître du XIIIe siècle.

108. *Canal près Céron* (Gironde) dans la région de Bordeaux.

109-110. *Carcassonne*, chef-lieu de l'Aude, 32.000 habitants. L'ancienne cité, avec sa double ceinture de remparts, est le seul exemple d'une ville fortifiée du Moyen Age construite sur des fondations romaines et wisigothes.

111. *Ferme du pays albigeois* (à l'est d'Albi).

112. *Albi*, chef-lieu du Tarn, sur la rive gauche du Tarn. Ancienne capitale des Albigeois. Au IIIe siècle, siège d'un évêché, et au XIIe et XIIIe siècle centre du mouvement des Albigeois répandu dans tout le Midi. La cathédrale Ste-Cécile (1282-1390) est une construction en briques rouges avec tour fortifiée. Le Pont-Vieux (1035) sur le Tarn est un des plus anciens de France.

113. *Montauban*, chef-lieu de Tarn-et-Garonne, évêché depuis 1317, était au XVIe siècle un des points d'appui principaux des Huguenots jusqu'à ce que Richelieu fit raser ses fortifications. Le pont en briques sur le Tarn date de 1303-16. Au fond l'église St-Jacques, édifice en briques du XIVe au XVe siècle avec sa tour octogonale.

114. *Cahors*, chef-lieu du Lot, l'ancien Cadurcum et capitale du peuple gaulois des Cadurci. Les Romains l'appelaient Divona d'après une fontaine sacrée. Le Pont Valentré est un des ponts les mieux conservés de style gothique avec 6 arches et 3 tours.

115. *Toulouse*, chef-lieu de la Haute-Garonne, 225.000 habitants, un des centres culturels provinciaux les plus importants. La tradition artistique et scientifique y remonte jusqu'aux Romains. Tolosa était au Ve s. la capitale des Wisigoths; au Moyen Age les comtes de Toulouse étaient parmi les plus puissants du Midi. Leur fief fut réuni en 1271 à la couronne française. L'Hôtel d'Assézat avec sa cour Renaissance est un des plus beaux hôtels particuliers du XVIe s., construit par le sculpteur et architecte toulousain Nicolas Bachelier.

116. *Moissac* (Tarn-et-Garonne), siège au Moyen Age d'une abbaye bénédictine très puissante qui accepta une des premières la réforme de Cluny. Deux des plus magnifiques monuments de l'art romain: le portail de l'église abbatiale et le déambulatoire du cloître ont été conservés du cloître Saint-Pierre (fondé en 1100 par l'abbé Ansquitil, achevé au XIIIe siècle avec des arcs brisés et des colonnes élancées).

117. *Souillac* (Lot): La représentation du prophète Isaie au portail ouest de l'église romane, provenant d'une ancienne abbaye est un sommet de la sculpture « aquitaine » du XIIe siècle.

118. *Bordeaux* (240.000 habitants), était déjà au temps des Romains un centre de commerce florissant et depuis le IVe siècle, chef-lieu de l'Aquitania Secunda. Pendant 3 siècles Bordeaux a été sujette de la couronne anglaise, jusqu'à sa soumission au roi Charles VII (1453). La place des Quinconces forme le centre de ses constructions datant pour la plus grande partie du XVIIIe siècle. Deux colonnes rostrales tenant lieu de phares sont placées au bord de la Garonne qui forme le large bassin du port.

119. *Saint-Emilion* (Gironde), renommée spécialement pour ses vins, est dominée par le « clocher isolé », magnifique tour romane avec une flèche du XVe siècle.

120. Vignobles près de Bordeaux.

121. *Villefranche-de-Rouergue* (Aveyron), fondée au XIIIe siècle reçut du comte de Toulouse certains privilèges, d'où son nom.

122. *Conques* (Aveyron), située sur un affluent du Lot doit sa célébrité à l'église romane Sainte-Foy. Construite en 1035-60 et ornée de magnifiques sculptures, elle possède un trésor (IXe-XVIe s.) unique en son genre.

123-124. *Les gorges du Tarn* coupent sur une longueur de 50 km les Causses (Causse de Sauveterre et Causse Méjean) entre Florac et Millau. Le Tarn a creusé son lit dans le haut-plateau des Cévennes du sud-ouest à une profondeur de 200 à 400 m. Les cañons ainsi formés découvrent des couches calcaires presque horizontales.

123. La petite ville de *Sainte-Enimie* (Lozère), située à un tournant du Tarn au fond de la vallée doit son nom à une princesse mérovingienne qui trouva sa guérison à la fontaine de Burle et y fonda un cloître.

124. « *Les Détroits* », où la vallée devient une gorge étroite de rochers.

125-126. *Millau* (Aveyron), ville de 15.000 habitants, située au confluent du Tarn avec la Dourbie. Les Romains s'y étaient fixés en 122 av. J.-C. Les poteries de Castrum Aemilianum avaient une très grande renommée. Millau prit au XVIe siècle le parti de la Réforme. La fabrication de ses fameux gants de peaux d'agneau ne refleurit qu'au XIXe siècle.

127. *Les Eyzies-de-Tayac* (Dordogne) au confluent de la Beune avec la Vézère, centre de la recherche préhistorique. Dans les grottes des environs on a découvert depuis 1863 les traces d'une civilisation très ancienne (squelettes, outils et peintures rupestres) qui ont bouleversé l'histoire des races humaines.

128-129. *La Rochelle*, chef-lieu de la Charente-Maritime avec environ 50.000 habitants eut sa grande époque du XIVe au XVIIe s. Fief des Huguenots elle vit l'union des églises protestantes de France autour du « Symbole de La Rochelle ». La ville alliée à l'Angleterre, se rendit aux armées de Richelieu après un siège de 15 mois et perdit la liberté du culte. La Rochelle fut le port principal pour les relations avec le Canada et les autres possession transocéaniques de la France. L'aspect de la ville autour du vieux port, utilisé encore aujourd'hui par les grands bateaux de pêche, a gardé tout son ancien pittoresque. L'entrée du port (pl. 128) est gardé par les deux tours puissantes de « la Chaîne » et de « Saint-Nicolas » du XIVe siècle. La porte de la Grosse Horloge XIIIe et XVIIe s.) garde l'entrée de la ville (pl. 129).

130. *Périgueux*, chef-lieu de la Dordogne avec env. 40.000 habitants, formée sur la rive droite de l'Isle par l'union de l'antique Vesuna, siège des Petrocorii, avec le bourg du Puy-Saint-Front situé sur la hauteur. L'église Saint-Front construite sur le tombeau de Saint Front, apôtre du Périgord, dominant la cité du côté du fleuve, faisait d'abord partie de l'abbaye pour devenir seulement en 1669 cathédrale à la place de St-Etienne. L'édifice roman fortement imprégné d'art byzantin date probablement de la première moitié du XIIe siècle.

131. *Cognac* (Charente), lieu de naissance du roi François Ier, doit sa renommée mondiale à la distillation de l'alcool des raisins de la région de Cognac.

132. *Angoulême*, chef-lieu de la Charente avec env. 40.000 habitants. La cathédrale St-Pierre construite dans la première moitié du XIIe siècle, fut restaurée au XIXe siècle. Elle possède une grandiose façade romane avec la représentation du Jugement Dernier (75 figures).

133. *La Chaise-Dieu* (Haute-Loire), siège d'une abbaye des Bénédictins fondée par Saint Robert en 1044. Son église, chef-d'œuvre du gothique auvergnat, fut reconstruite par le pape Clément VI (Pierre Roger de Beaufort), ancien moine du cloître, de 1343-52 et achevée par son neveu le pape Grégoire XI en 1370-78.

134. Le haut-plateau volcanique de Murat dans le Cantal avec la petite ville de Murat sur l'Alagnon (910 m.) entre des sommets de basalte.

135-136. *Le Puy*, chef-lieu de la Haute-Loire avec env. 20.000 habitants est située dans un amphithéâtre près du Mont Anis, un des monts ou puys volcaniques de l'Auvergne. A l'endroit le plus élevé s'élève sur le Rocher Corneille depuis 1860 la statue colossale de Notre-Dame-de-France. L'ancien chef-lieu du Velay, région des Vellavi, était au Moyen Age un des plus célèbres lieux de pèlerinage, déjà visité par Charlemagne. Dans le faubourg Aiguilhe s'élève le Rocher d'Aiguilhe (pl. 135) sur lequel fut construit au Xe siècle Saint-Michel d'Aiguilhe.

137. *Le lac de Guéry* à 1260 m., dans la chaîne des Monts-Dores et des Puys, près du plus haut sommet du Massif Central (Puy de Sancy, 1886 m.).

138. *Le Mont-Dore* (Puy-de-Dôme), ville d'eau célèbre à 1050 m. au milieu du massif du Mont-Dore en Dordogne, avec des sources radioactives déjà connues des Romains dont les installations balnéaires étaient plus étendues que celles créées à la fin du XIXe s.

139-140. *Le Rocher Sanadoire* (139) et les Monts Dômes dans la région de Clermont (pl. 140) vus de la route du Mont-Dore à Clermont-Ferrand.

141. *Moulins*, chef-lieu de l'Allier. Le chœur de l'église Notre-Dame offre un exemple magnifique du gothique flamboyant. Dans la sacristie le triptyque célèbre du Maître de Moulins, œuvre capitale de la peinture française du XVe siècle.

142. *Bourges*, chef-lieu du Cher avec plus de 40.000 habitants (l'antique Avaricum conquis par César 52 av. J.-C.) était au XVe s. la résidence du roi Charles VII. La cathédrale Saint-Etienne a 5 nefs et une riche façade avec 5 portails. Au tympan de celui du milieu le Jugement Dernier.

143. L'église abbatiale de *Saint-Benoît-sur-Loire* (Loiret) fut construite de 1087 à 1218. Le narthex avec ses chapiteaux est un des importants monuments romans de France.

144. *Sully-sur-Loire* (Loiret). Le château fut conçu comme forteresse au XIIIe-XIVe siècle. Il appartient à Georges de la Trémoille au XVe siècle et servit à Charles VII de résidence où Jeanne d'Arc se rendit deux fois.

145. *Nevers*, chef-lieu de la Nièvre, tête de pont importante sur la rive droite de la Loire au confluent de la Nièvre. Le comté du Nivernais, réuni pendant un certain temps à la Bourgogne, devint duché en 1539. Le Palais ducal, aujourd'hui Palais de Justice, est un édifice de style Renaissance.

146. *Orléans*, chef-lieu du Loiret avec 65.000 habitants (le Genabum celtique) se révolta en 52 av. J.-C. contre les Romains et fut détruit par César ; Attila apparut en 451 devant les portes de la ville, en fut chassé par les habitants avec leur évêque St Aignan. Orléans assiégée en 1428 par les Anglais fut libérée le 8 mai par Jeanne d'Arc. Les Allemands détruisirent en juin 1940 partiellement le pont Georges V, construit en 1751-61 par Hupeau et Peyronnet, et toute la ville ancienne d'Orléans. (sur la pl. derrière le pont jusqu'à la cathédrale aux tours endommagées). La planche montre le pont après la reconstruction. La cathédrale Sainte-Croix du XIIIe siècle fut en 1567 partiellement détruite par les Calvinistes et restaurée

aux XVIIe et XVIIIe siècles dans un soi-disant style gothique (avec deux tours).

147. *Gien* (Loiret), comme Orléans tête de pont sur la Loire, fut violemment bombardée en 1940 par les Allemands qui détruisirent ou endommagèrent la petite ville pittoresque avec son pont et château qui doivent leur existence avec d'autres édifices au séjour à Gien vers 1500 d'Anne de Beaujeu, fille de Louis XI, comtesse de Gien. Le château en briques blanches et rouges, commencé 1494 s'élève à droite de la tour fortifiée médiévale.

148. *Blois*, chef-lieu du Loir-et-Cher. Depuis le IXe siècle siège d'un comté puissant, fut acheté en 1391 par la maison d'Orléans. Blois est de tous les châteaux de la Loire le plus étroitement lié à l'histoire de la France. La magnificence des constructions correspond à son rôle historique. Entre deux parties du château du XIIe siècle encore conservées s'élèvent la galerie de Charles d'Orléans, l'aile Louis XII, l'aile François Ier et l'édifice nord-ouest érigé par Mansart pour Gaston d'Orléans.

149. *Le Château d'Amboise* (Indre-et-Loire) s'élève sur une colline de la rive gauche de la Loire fortifiée depuis l'époque gallo-romaine. Clovis et le Visigoth Alarich y fêtèrent en 500 leur brève entente. Charles VII confisqua le château des comtes d'Amboise, Louis XI en fit la résidence de la reine. Ce fut le berceau du futur roi Charles VIII qui commença en 1491 la construction du château terminé par Louis XII et François Ier, mais démoli en grande partie au XIXe siècle. François Ier passa le premier temps de son règne à Amboise; il y invita Léonard de Vinci qui y passa les dernières années de sa vie et y fut enterré.

150. *Le Château de Chambord* (Loir-et-Cher), le plus grand des châteaux de la Loire, fut construit par François Ier à partir de 1519 à la place d'un pavillon de chasse du comte de Blois au milieu de la forêt de Boulogne sur un plan de forme carrée avec 4 tours aux angles autour de la puissante lanterne d'escalier. Il mesure 156 m. sur 117 et contient 440 chambres. Les architectes Pierre Neveu, dit Trinqueau et l'Italien Domenico de Cortone disposèrent pour la construction de 1800 ouvriers pendant 15 ans. Henri II acheva la construction du château.

151. *Le Château de Chaumont* (Loir-et-Cher) sur la rive gauche de la Loire fut construit en 1465-1510 par Pierre d'Amboise et son fils Charles. Il fut acheté par Catherine de Médici, veuve de Henri II, en 1560 pour y loger sa rivale Diane de Poitiers.

152. *Le Château de Cheverny* (Loir-et-Cher) de style classique du XVIIe siècle fut achevé en 1634 d'après les indications du comte Hurault de Cheverny.

153. *Le Château de Chenonceau* (Indre-et-Loire), œuvre de Thomas Bohier, receveur des finances du royaume, et de sa femme qui ont laissé subsister l'ancienne tour fortifiée et commencé la construction du château en 1513. La grande galerie de l'architecte Philibert Delorme forme un pont au-dessus du Cher. Propriété de François Ier, il fut donné par Henri II à sa maîtresse Diane de Poitiers.

154. *Tours*, capitale de l'ancienne Touraine et du département de l'Indre-et-Loire avec 80.000 habitants, située entre la Loire et le Cher, ville de Saint Martin qui, troisième évêque de Tours au IVe siècle, répandit en France l'Evangile. Son tombeau devint un lieu de pèlerinage. Grégoire de Tours, comme évêque et historien au VIe siècle, le savant Alkuin, nommé abbé de St-Martin vers 800, par Charlemagne au IXe siècle ont contribué à la gloire de la ville. La vieille ville entre la (moderne) basilique Saint-Martin et la cathédrale fut en grande partie détruite en 1940.

La façade de la cathédrale (du XIIIe-XVIe siècle) dénommée Saint-Gatien d'après le premier évêque de Tours offre un exemple du gothique flamboyant en transition vers le style de la Renaissance.

155. *Poitiers*, chef-lieu de la Vienne avec plus de 40.000 habitants, le Limonum des Pictaves celtiques, eut au IVe siècle comme premier évêque Saint Hilaire. Charles Martel y vainquit en 732 les Arabes.

La façade de l'église romane Notre-Dame-la-Grande montre des scènes de l'Ancien et du Nouveau Testament.

156. *Chinon* (Indre-et-Loire), petite ville ancienne sur la Vienne dominée par son château, lieu de naissance de Rabelais. La place déjà fortifiée depuis les Romains fut encore renforcée par les rois d'Angleterre Henri II et Richard Ier (Cœur de Lion), mais fut conquise en 1205 par Philippe Auguste. Sur la photo tout à fait à gauche la maison en pierre de la rue Voltaire, où Richard Cœur de Lion est mort le 6 avril 1199 de sa blessure reçue au siège de Châlus; à côté l'auberge du Grand Carroi, où séjourna Jeanne d'Arc (âgée de 18 ans) en 1429. Elle y commença sa croisade contre les Anglais comme « Envoyée de Dieu ».

157. *L'Abbaye de Fontevrault* (Maine-et-Loire) fondée en 1098 par le célèbre prédicateur Robert d'Arbrissel. L'église romane avec ses coupoles applaties au-dessus de la nef et son chœur aux hautes colonnes fut construite au XIIe siècle.

158-159. *Saint-Savin-sur-Gartempe* (Vienne), abbaye fondée en 811 par Charlemagne sur le tombeau de l'ermite St Savin; l'église abbatiale du XIe siècle est restée intacte avec d'importantes fresques.

160. Au bord de l'Indre près de Reignac (Indre-et-Loire).

161. *L'ancienne Chartreuse du Liget* (Indre-et-Loire) montre les restes d'un cloître fondé par Henri II d'Angleterre.

162. *Angers*, chef-lieu du Maine-et-Loire et capitale de l'ancien comté d'Anjou, avec 86.000 habitants, située sur le Maine. La cathédrale, le château et d'autres édifices sont des restes de la ville du Moyen Age qui possédait une université depuis 1246. De la rive droite du Maine on voit le pont de la Basse Chaîne avec au-dessus le château aux 17 tours reconstruit en 1228-38 par Saint Louis, mais démoli en partie par Henri III.

163. *Nantes*, chef-lieu du département Loire-Inférieure, 180.000 habitants, située sur la Loire est avec son avant-port Saint-Nazaire un des premiers centres du commerce maritime de la France. Henri IV y proclama le 13 août 1598 l'Edit de Nantes qui accordait aux protestants français certaines libertés, mais qui fut révoquée plus tard (1685) par Louis XIV.

164. *Les Marais Poitevins* (entre Niort et la côte de la Vendée au Pertuis Breton), coupés par de nombreux canaux.

165. *Morlaix* (Finistère) est depuis le moyen âge un port et le centre commercial de la Bretagne occidentale.

166. *Vannes*, chef-lieu du Morbihan, évêché depuis 466 était sous le nom de Dariorigum Venetorum, capitale des Vénètes celtiques. Bertone Nominoé nommé par Charlemagne comte de Vannes devint en 826 duc de Bretagne et réalisa l'union politique de toute la péninsule armoricaine. En 1532 les Etats assemblés à Vannes proclamèrent l'union définitive de la Bretagne avec la France. Les murs construits à l'est de la ville au XIIIe siècle ont été conservés jusqu'au XVIIe s. avec la Tour du Connétable (XIVe et XVe s.).

167. Des Bretonnes au Pardon de Sainte-Barbe près du Faouet (Morbihan).

168. Le port de pêcheurs *Le Croisic* (Loire-Inférieure) est entouré d'une rangée de maisons construites par le duc d'Aiguillon, ministre de Louis XV.

169. Les Alignements du Ménec près de Carnac (Morbihan) qui s'étendent sur env. 1 km et avec 1099 menhirs hauts de 4 m. constituent la plus grande agglomération de monuments mégalithiques de la Bretagne.

170. Sur la route de Guingamp (Côtes-du-Nord) et Morlaix.

171. « *L'Enclos paroissial* » de l'église du village de Guimilian (Finistère). Le Calvaire de 1581-88 est un des plus riches en son genre avec 200 figures.

172. Le *Calvaire de Plougastel-Daoulas* (Finistère) à l'extrême pointe occidentale de la

péninsule armoricaine, construit sur le modèle du calvaire de Guimilian en 1602-1604 en souvenir de la fin de l'épidémie de la peste de 1598. La planche montre seulement la partie supérieure de la figuration (en tout 180 figures).

173. *Quimper*, autrefois appelée : Quimper-Corentin en honneur de son premier évêque Saint Corentin, compagnon du roi légendaire Gradlon venu vers 500 de la Cornouaille anglaise. Au bout de la rue Kéréon (des cordonniers) avec ses vieilles maisons la cathédrale Saint-Corentin du XIIIe au XVe s. (flèches de 1856).

174. *Vitré* (Ille-et-Vilaine), ancienne ville fortifiée située sur une colline au bord de la Vilaine, dominée par son château et le clocher de Notre-Dame. Le château, une des forteresses le mieux conservées de la Bretagne, fut construit au XIe siècle et restauré au XIVe et XVe siècle.

175. *Cap Fréhel* (Côtes-du-Nord).

176. *Fort la Latte* (Côtes-du-Nord) près de Cap Fréhel dans la baie de St-Malo, construit au XIVe siècle.

177. *Saint-Malo* (Ille-et-Vilaine), située sur une péninsule rocheuse à l'embouchure de la Rance en face de Dinard, tire son nom d'un saint venu au VIe siècle d'Angleterre qui fonda un évêché à Aleth (aujourd'hui Saint-Servan). Place forte de navigateurs hardis, plusieurs fois assiégée en vain par les Anglais il se développa parmi ses habitants un grand esprit d'indépendance : « Ni Français, ni Bretons : Malouins ! ».

178. *Dinan* (Côtes-du-Nord), au Moyen Age importante place forte du duché de Bretagne.

179. *Le Mont Saint-Michel*, cône granitique dans la baie du même nom près de l'ancienne ville d'Avranches fut un sanctuaire et une forteresse. St Aubert, évêque d'Avranches construisit sur le rocher une chapelle qu'il consacra à l'archange Michel, ce n'est que l'année suivante qu'un tremblement de terre en fit une forteresse isolée, unique au monde, et seulement accessible à marée basse.. En 966 le duc de Normandie y fonda une abbaye des Bénédictins. La forteresse sainte survécut aux sièges et destructions par incendie grâce aux dons des rois et de la nation entière. L'ancienne chapelle fut remplacée au IXe s. par une église carolingienne, puis au XIe par une église romane, et le tout fut couronné par le cloître gothique à 3 étages : « Merveille » et le chœur. La flèche actuelle ne fut ajoutée qu'en 1897.

180. *Bayeux* (Calvados) s'appelait jusqu'au IVe s. Augustodurum, puis Civitas Baiocassium. Les Normands s'y fixèrent au IXe siècle. La cathédrale Notre-Dame est un des monuments les plus importants de la Normandie; Les fondations des tours et la nef centrale à l'ouest proviennent encore de l'église romane détruite par un incendie en 1105.

181. *Coutances* (Manche), l'ancien Cosedia, fut baptisée Constantia à la fin du IIIe siècle, en l'honneur de l'empereur Constantius Chlorus. Evêché au Ve siècle. La cathédrale Notre-Dame fut une des merveilles du gothique. A travers la nef centrale (Ier quart du XIIIe s.) on voit la coupole de la tour carrée et le chœur (milieu du XIIIe s.).

182-183. *Caen*, chef-lieu du Calvados avec plus de 60.000 habitants est (ou était) riche en monuments. On l'appelait l'« Athène normande ». Entre 1062 et 1066 Guillaume le Conquérant, duc des Normands, y fonda l'église St-Etienne ou Abbaye aux Hommes pour se racheter de son mariage avec sa proche parente, la reine Mathilde, sans dispense du pape. La voûte de la nef centrale (pl. 182) date du XIIe siècle, et le chœur gothique du XIIIe. L'église Saint-Pierre (pl. 183) s'élève au milieu des ruines de 1944. On voit de l'Est la partie la plus récente de l'église reconstruite depuis le XIIIe siècle. L'abside fut bâtie dans le style de la Renaissance par Hector Sohier 1518-45.

184. *Rouen*, chef-lieu de la Seine-Inférieure avec plus de 100.000 habitants, est à la fois un port fluvial et maritime. Les Normands se fixèrent 841 dans l'ancien Rotomagus et en

firent en 911 la capitale de la Normandie. De 1066-1204 et de 1419-49 elle fut sous la domination des Anglais qui y brûlèrent Jeanne d'Arc en 1431. La planche montre la vue de la rive gauche de la Seine vers la cathédrale Notre-Dame, chef-d'œuvre du gothique.

185. *Honfleur* (Calvados), à l'estuaire de la Seine en face du Havre, est un port de pêcheurs connu depuis le XIIIe siècle. La Lieutenance, ruine du château du XVIe siècle, résidence du gouverneur du roi, s'élève près du Vieux Bassin, centre de la vieille cité. Au fond à gauche le toit de l'église Sainte-Catherine, construction en bois du XVe siècle.

186. Ferme Normande au toit de chaume.

187. *Le Mans*, capitale du comté, puis de la province du Maine, aujourd'hui chef-lieu de la Sarthe avec 90.000 habitants. A l'est, de la place des Jacobins s'élève la cathédrale Saint-Julien construite au XIIe-XIIIe siècle. Les fondations de l'église remontent à Saint Julius, premier évêque du Mans au IIIe-IVe s.

188. *Laval*, chef-lieu de la Mayenne s'est formée depuis le XIe siècle autour du château des barons et comtes de Laval. Du Quai Paul-Boudet on voit le Pont-Vieux du XIIIe siècle et le Château des comtes de Laval sur la rive droite de la Mayenne. La tour ronde et les autres parties importantes de la forteresse datent du XIe-XIIe siècle.

189. La ville de *Louviers* (Eure), ancien siège des ducs de Normandie attribuée par Richard Cœur de Lion à l'archevêque de Rouen.

190. *Nogent-le-Rotrou* (Eure-et-Loir). Le château-fort du XIe siècle domine la ville. Au premier plan potagers et arbres fruitiers dans la vallée de l'Huisne.

191. *Calais* (Pas-de-Calais), port le plus important pour le trafic avec l'Angleterre, ville industrielle et forteresse à 37 km de Douvres. En 1346 les Anglais assiégèrent la ville qui devait capituler après une défense héroïque de près d'un an. L'épisode de la reddition inspira à Auguste Rodin son œuvre célèbre : « Les Bourgeois de Calais ».

192. Vue prise de la plage d'Etretat (Seine-Inférieure) vers la Falaise d'Amont.

193. *Abbeville* (Somme), formée autour de l'ancienne abbaye Saint-Riquier (d'où son nom Abbatis villa) fut entourée de murs sous Hugues Capet et devint siège du comté de Ponthieu. Bombardée en 1918 elle subit les pires destructions pendant la dernière guerre. L'ancienne église Saint-Vulfran, commencée 1488 et ornée d'une façade riche en sculptures s'élève partiellement détruite au milieu d'un champ de ruines.

194-195. *Arras*, chef-lieu du Pas-de-Calais, ancienne capitale du comté d'Artois, fit partie au Moyen Age des Flandres, de la France (depuis 1180), de la Bourgogne des Habsbourg et depuis 1659 de nouveau et définitivement de la France. Arras fut gravement endommagée pendant la guerre de 14, mais on réussit à lui restituer son ancien aspect. La planche 194 montre la Place des Héros vue de l'Hôtel de ville avec au fond la tour de l'église Saint-Jean-Baptiste, pl. 195. Vue à travers les arcades qui entourent les deux places.

196-197. *Beauvais*, chef-lieu de l'Oise tire son nom de la tribu des Bellovaques et fut au IXe siècle siège d'un comté, qui devint en 1013 propriété des évêques de Beauvais. La cathédrale gothique Saint-Pierre fut commencée en 1227 dans des proportions si gigantesques qu'on arriva seulement à achever le chœur (haut de 48 m.) auquel on ajouta encore le transept dans la première moitié du XVIe siècle. La planche 196 montre la vue nord-est après la guerre, la planche 197 le portail sud avec, à gauche, la porte fortifiée de l'ancien palais épiscopal (XIVe siècle).

198. *Amiens*, siège de la préfecture de la Somme avec plus de 80.000 habitants, ancienne capitale de la Picardie, tire son nom de la tribu belge des Ambiani et s'appela d'abord Samarobriva (pont sur la Somme). Le premier évêque fut au IIIe-IVe siècle Saint Firmin. Au Moyen Age la ville dépendait en partie d'un comte et en partie de l'évêque. Elle alla en 1185 à la couronne de France

et passagèrement à la Bourgogne et à l'Espagne des Habsbourg. La cathédrale Notre-Dame, commencée en 1220 d'après les plans de Robert de Luzarches constitue la construction gothique la plus homogène et la plus grandiose. Les 3 portails dont la planche reproduit celui du milieu avec la figure du Christ constituent un des sommets de la sculpture du XIIIe siècle.

199. *Soissons* (Aisne), l'ancien Noviodunum, était la capitale des Suessiones. Clovis y vainquit les Romains en 486, et Soissons devint la résidence du royaume mérovingien dont le Franc Pépin le Bref prit la succession en 752. L'église abbatiale de Saint-Jean-des-Vignes est dans ses parties inférieures de la fin du XIIIe siècle, le deuxième étage avec la rose du XIVe siècle; la tour nord ne fut achevée qu'en 1520.

200. *Laon*, chef-lieu de l'Aisne s'élève sur une colline isolée de la vaste plaine de Champagne. Saint Rémi y installa en 497 le premier évêque dont les successeurs jouaient également le rôle de maîtres séculiers jusqu'en 1790. Les derniers Carolingiens en firent au Xe siècle leur résidence. La cathédrale Notre-Dame, symbole de la ville, visible de loin avec ses tours élégantes ajourées, date des XIIe-XIIIe siècles.

201. *Senlis* (Oise), ancien siège des Silvanectes, fut un évêché du IVe siècle (St Régullus) jusqu'en 1801. Les Carolingiens y avaient un château et, Hugues Capet s'y fit élire roi de France en 987. La planche montre une vue sur le chœur et la tour de la cathédrale Notre-Dame (XIIe-XIIIe siècle).

202. *Noyon* (Oise). Charlemagne s'y fit couronner en 768 roi de Neustrie. Au nord de la cathédrale Notre-Dame la bibliothèque du chapitre, construction en bois des XVe-XVIe siècles.

203-204. *Reims* (Marne), l'ancien Durocortorum, siège des Rémois et capitale de la province romaine Belgica secunda. L'ancien centre culturel de la riche Champagne fut pendant des siècles la ville du couronnement des rois de France. Vers 300 St Sixte y avait fondé un évêché et son successeur St Rémi y baptisa Clovis, le fondateur de l'empire des Francs. Charles VII y fut couronné en présence de Jeanne d'Arc qui avait arraché la ville aux Anglais. La cathédrale Notre-Dame dont on voit apparaître la tour méridionale sur la planche 204 est, par son ornement sculptural, une des cathédrales qui unit le style gothique à la dignité classique. Seule avec Chartres et Amiens, Reims a gardé intacte la totalité de ses grandes figures sculptées à travers les tempêtes de la révolution et les graves destructions de la guerre de 14-18.

205. Ecluse d'un canal dans la Champagne (voir pl. 108 et 207). Font partie du réseau des voies d'eau : le canal de l'Est (419 km.), le canal du Rhône-au-Rhin (328), le canal Rhin-Marne (314 km.), le canal de Bourgogne (242 km.), le canal du Midi (240 km.) et le canal du Centre (116 km.).

206. *Meaux* (Seine-et-Marne), ancien siège de la tribu des Meldi. La cathédrale Saint-Etienne (XIIe-XVIe siècle) se reflète dans l'eau de la Marne. Le titulaire le plus célèbre de son évêché fondé au IVe siècle fut Bossuet (1681-1704).

207. *Langres* (Haute-Marne), située sur un saillant du plateau de Langres. Les évêques, en même temps maîtres séculiers du comté de Langres, étaient du XIIe au XVIIIe siècle parmi les pairs de France.

208. *Nancy*, chef-lieu de la Meurthe-et-Moselle avec plus de 100.000 habitants, siège d'un évêché et d'une université ne devint ville qu'au XIIe-XIVe siècle. Elle fut depuis 1477 capitale des ducs de Lorraine. Le duc Léopold (1697) contribua beaucoup à l'embellissement de sa résidence avant de devenir empereur par son mariage avec Marie-Thérèse (1736) et de transférer sa résidence à Vienne. Nancy fut jusqu'en 1766 le siège du roi de Pologne ce roi Leczinski après la mort duquel toute la Lorraine alla à la France. C'est sous ce roi que fut construite la Place Stanislas (1752-60), ancienne Place Royale, avec ses palais, fontaines et grilles, chef-d'œuvre de ferronnerie.

209. Vue de la *Route des Crêtes* près du Hohneck vers l'ouest sur les montagnes et les vallées des Vosges.

210. Vue de la route entre Altkirch et Belfort vers le sud (frontière suisse).

211. *Guebwiller* (Haut-Rhin), ville alsacienne située au milieu des vignobles au pied des Vosges. L'église Saint-Léger (Sankt-Leodgar) en pierre rouge date du XIIe siècle.

212. *Riquewihr* (Haut-Rhin), célèbre par ses vins a conservé dans la Grande Rue l'aspect d'une ancienne petite ville de Haute-Alsace.

213. *Sélestat* (Bas-Rhin), ancien château carolingien. Au XVe-XVIe siècle une célèbre école d'humanistes s'y établit, où étudia Erasme de Rotterdam. Après la guerre de 30 ans la ville revint à la France. Louis XIV la fit fortifier par Vauban. Des deux églises médiévales, l'église St-Georges se distingue par sa tour gothique.

214. *Colmar*, chef-lieu du Haut-Rhin avec plus de 40.000 habitants fut en 1226 ville d'Empire. Protégée par Rodolphe de Habsbourg la ville se défendit contre l'hégémonie de l'évêque de Strasbourg. En 1354 elle forma une Ligue avec les 9 autres villes franches de l'Alsace. La vieille cité avec ses maisons des XIVe et XVIIIe siècles abrite les chefs-d'œuvre de Martin Schongauer et le retable d'Issenheim de Mathias Grünewald.

215. *Zellenberg* (Haut-Rhin), ancien village fortifié sur une colline au pied des Vosges.

216. *Strasbourg*, capitale du Bas-Rhin avec env. 200.000 habitants, l'Argentoratum des Romains. Ville des Francs en 496, lorraine depuis 843, ville franche d'Empire en 1262, Strasbourg fut au XVe siècle un centre de la mystique et de l'humanisme allemands. Après la renonciation de l'empereur à la paix de Westphalie, Louis XIV fit son entrée à Strasbourg en 1681, Goethe y étudia 1770-71 à la célèbre université fondée en 1538. Après son siège d'août 1870 les Allemands en firent de 1871 à 1918 la capitale de l'Alsace-Lorraine, annexée comme province allemande, et l'occupèrent de nouveau de 1940 à 44. On voit la cathédrale Notre-Dame à travers la vieille rue Mercière. Sa construction, commencée en 1277 fut continuée d'après les plans et sous la direction d'Erwin von Steinbach en 1284. La grande rose fut achevée en 1291 et les deux tours en 1365. Les portails occidentaux ont gardé leurs sculptures des XIIIe et XIVe siècles.